rowohlts monographien
begründet von Kurt Kusenberg
herausgegeben von
Wolfgang Müller und Uwe Naumann

Bedřich Smetana

mit Selbstzeugnissen
und Bilddokumenten
dargestellt von
Kurt Honolka

Rowohlt

Dieser Band wurde eigens für «rowohlts monographien» geschrieben
Den Anhang besorgte der Autor
Herausgeber: Kurt Kusenberg · Redaktion: Beate Möhring
Schlußredaktion: K. A. Eberle
Umschlagentwurf: Werner Rebhuhn
Vorderseite: Bedřich Smetana
Rückseite: Grundsteinlegung zum Nationaltheater am 16. Mai 1868
(Beide Vorlagen: Smetana-Museum, Prag)

Veröffentlicht im Rowohlt Taschenbuch Verlag GmbH,
Reinbek bei Hamburg, Februar 1978
Copyright © 1978 by Rowohlt Taschenbuch Verlag GmbH,
Reinbek bei Hamburg
Alle Rechte an dieser Ausgabe vorbehalten
Satz Aldus (Linotron 505 C)
Gesamtherstellung Clausen & Bosse, Leck
Printed in Germany
ISBN 3 499 50265 8

5. Auflage November 2000

Inhalt

Bedřich Smetana, 1868

SCHÖPFER DER TSCHECHISCHEN NATIONALMUSIK

Bedřich Smetana[1]* genießt bei seinen Landsleuten den unbestrittenen Ruf des Schöpfers der tschechischen Nationalmusik. Ein bedeutender Ehrentitel, wenn man sich vor Augen hält, daß sich später auf den Fundamenten, die Smetana gelegt hatte, ein großartiges Gebäude dieser Nationalmusik erhob und ausbreitete, mit weltweit berühmten Komponisten – Dvořák und Janáček an der Spitze –, mit international gefeierten Orchestern, Streichquartetten, Virtuosen und Sängern. Auch für die reproduktive Musikkultur der Tschechen leistete Smetana Pionierarbeit; er war selber ein hervorragender Klaviervirtuose, ein fortschrittlicher Dirigent, er war Kulturpolitiker als Mitbegründer der ersten tschechischen Künstler-Vereinigung und als Kritiker, der sich unermüdlich für ein eigenständiges tschechisches Nationaltheater einsetzte. Die Tschechen, die ihn während der letzten Lebensjahre in bitterer Armut vegetieren ließen – eine Grabrede sprach vom «Opfer tschechischer Verhältnisse» –, feiern ihn seit Jahrzehnten als ihren größten Künstler überhaupt, nicht nur als ihren größten Komponisten. Als ob die Nachwelt wiedergutmachen wollte, was die Mitwelt versäumte.

Die postume Smetana-Heroisierung basiert auf einem wahrhaft heroischen Leben: über neun Jahre mußte der Komponist in völliger Taubheit, in materieller Not, Vereinsamung und Krankheit arbeiten. Seine Werke sind dem tschechischen Nationalverständnis am teuersten: *Die verkaufte Braut* als heitere Oper, *Libuše,* mit ihrem Finalbekenntnis zum ewigen Überleben des tschechischen Volkes, als festlich-feierliche Nationaloper, der Zyklus *Mein Vaterland* als symphonische Apotheose von Landschaft und Geschichte der Tschechen. Sie alle sind Schöpfungen von einer künstlerischen Qualität und einem Emotionalgehalt, wie ihn kein anderes so kleines Volk aufweisen kann.

Hat man, wie der Verfasser dieser Schrift, die inbrünstige Begeisterung erlebt, mit der tschechische Opernbesucher in politisch gespannten Zeiten die *Libuše* aufnahmen, oder die Erhebung beim Anhören des optimistisch verklärenden *Blaník*, des Schlüsselsatzes des *Vaterland*-Zyklus, so begreift man die tschechische Irrationalität des postumen Smetana-Kultes, zugleich aber auch ihre Verwurzelung im nationalen Empfinden; man hat erfahren, was der papierene Begriff «Nationalmusik» in der Wirklichkeit bedeuten kann. Daß das Ausland von Smetanas Œuvre verhältnismäßig wenig kennt und spielt – weniger als von Dvořák und Janáček –, mindert nicht sein Gewicht bei den Tschechen. Eine gewisse Trotzhaltung («Das können eben nur wir verstehen») hat Smeta-

---

* Die hochgestellten Ziffern verweisen auf die Anmerkungen S. 143 f.

na selber vorgelebt, als er, resigniert die Verständnislosigkeit des Auslandes erkennend, wiederholt demonstrativ betonte, er sei vollkommen mit dem zufrieden, was er für sein Vaterland geschaffen habe. Immerhin: heute gehören *Die verkaufte Braut*, das *Streichquartett in e-moll* und zumindest Teile des Zyklus *Mein Vaterland* zum weltgültigen Repertoire, und was das Opernwerk betrifft, so bahnt sich zumindest auf deutschen Bühnen nach dem Zweiten Weltkrieg eine bescheidene Renaissance an. Das ist mehr, als von anderen Gründern einer Nationalmusik international lebendig geblieben ist. Man denke nur an Glinka, den «Vater der russischen Musik».

Bedřich Smetana komponierte in einer Zeit, als die Musik der Tschechen zweitrangig und epigonal im Schatten der deutschen und italienischen stagnierte, etwas völlig Neues: Musik mit einem tschechischen Eigenton, die in den technischen Mitteln und in der Ästhetik ganz «modern», auf der Höhe der Zeit war. Mozart, Beethoven, Chopin und Schumann waren seine Fixsterne als Klassiker, aber am stärksten wirkten zwei Zeitgenossen auf ihn ein, die alle Musikfreunde in Europa damals in zwei sich erbittert befehdende Parteien spalteten: Wagner und Liszt. Um Wagners willen litt er am meisten, obwohl er gar kein persönliches Verhältnis zu ihm hatte und, bei aller Bewunderung, auch durchaus kein «Wagnerianer» war, was man ihm in diffamierender Absicht vorwarf. Liszt, der ihn frühzeitig generös förderte, blieb hingegen zeitlebens Smetanas Abgott: ... *mein Meister, mein Muster, und für alle wohl ein unerreichbares Vorbild.* Smetanas Größe besteht in der schöpferischen Kraft, mit der er die Errungenschaften der Moderne seiner Zeit in ein unverwechselbares eigenes Idiom umschmolz. Er drückte sein Verhältnis zur sogenannten «neudeutschen Schule» Liszts und Wagners so aus: er gehöre ihr an, soweit sie *den Fortschritt predigt ... im übrigen mir selbst.* Fortschritt bedeutete für Smetana alles, was die Ausdruckskraft, die Sprachfähigkeit der Musik bereicherte. Das hieß in der Instrumentalmusik, die für Smetana – in fundamentalem Gegensatz zu Dvořák – nie «absolutes» Spiel mit Tönen, sondern höchstpersönliche Ton-Dichtung war, Erweiterung der Harmonik, instrumentales Kolorit, Durchdringung mit poetischen Ideen. In der Oper hieß es Preisgabe der Nummern-Form zugunsten eines dramatischen Stils, der psychologische Sensibilität anstrebte, indem er die traditionelle Gesangsmelodie mit dem neu entdeckten Melos der tschechischen Sprache anreicherte, das Orchester in die Mehrstimmigkeit integrierte. Insofern trafen Liszts «tondichterische» und Wagners musikdramatische Neuerungen bei Smetana auf Gleichgestimmtheit. Doch hätten ihn seine konservativen Gegner mit mehr Recht als Lisztianer bekämpfen können denn als Wagnerianer, und auch dann wären die Vorwürfe durch Smetanas Persönlichkeit relativiert, entkräftet worden.

Sicher ist Smetanas Klavierwerk – das erste nennenswerte tschechische überhaupt – ohne Liszts technische Errungenschaften undenkbar, so wie Smetanas gesamtes orchestrales Schaffen: keine bedeutende Symphonie (hier ergänzte ihn Dvořák in der Gründer-Funktion von Nationalmusik), lauter symphonische Dichtungen im Lisztschen Sinn. Und doch, die reifsten, die zum Zyklus *Mein Vaterland* gebündelten, lösen sich vom Vorbild und führen zu strengerer Formbindung. So wie auch der Musikdramatiker Smetana noch in seinen späten persönlichsten Werken (die er selber viel höher einschätzte als die *Verkaufte Braut*) gegenüber dem bewunderten Richard Wagner unabhängig blieb. Zwar geht der tragische *Dalibor* in seiner fast monothematischen Leitmotivstruktur über Wagner hinaus, die «unendliche Molodie» des Orchesters wird man jedoch bei Smetana vergeblich suchen. Immer dominiert die Gesangsstimme, gemäß der Grunddevise: *Wir Tschechen sind ein singendes Volk.* Andererseits gewinnt die Melodie bei Smetana neuen Charakter, sie wird komplexer, vom Sprachmelos gelockert und von spätromantischer Harmonik geprägt. Schon in der *Verkauften Braut*, und erst recht in späteren, nach des Komponisten Worten eigentlichem *Smetana-Stil*, will sie nie belcantistischer Selbstzweck sein, sondern allein Medium charakteristischen Ausdrucks. Smetana zählt gewiß zu den begnadetsten Melodie-Findern des 19. Jahrhunderts. Dennoch wäre er mit dem Etikett eines «böhmischen Musikanten» noch falscher und ungenügender erfaßt als etwa Dvořák. Die weltberühmte *Verkaufte Braut*, die solche Simplifikation nähren könnte, trügt; sie bezeichnet zumindest nur e i n e Seite Smetanas. Erst das Gesamtwerk, jenseits der Grenzen Böhmens und Mährens immer noch allzu lückenhaft bekannt, erweist Smetanas ganze Größe. Es schließt, im theatrum humanum seiner acht Opern wie im Instrumentalen, Fröhliches und Tragisches ein, menschliches Maß und erhabenen Höhenflug, heimatlichen, volkstümlichen Klang und fortschrittlich gesinnte Weltoffenheit.

Alle grundlegenden Werke der tschechischen Nationalmusik wurden erst in der zweiten Hälfte des 19. Jahrhunderts komponiert: Smetanas Opern, symphonische Dichtungen und Streichquartette ebenso wie Dvořáks Symphonien. Sehr spät also meldete sich die tschechische Stimme im Konzert der jungen oder neuerwachten europäischen Musikkulturen. Rußland war mit Glinka, Polen mit Chopin, in der Oper mit Moniuszkos «Halka» (1848), Dänemark mit Gades Symphonien vorangegangen. Die tschechische Verzögerung erscheint um so erstaunlicher, als Böhmen und Mähren nicht nur eine hochentwickelte städtische Kultur hatten, sondern auch seit alters her eine beachtliche Kunstmusik. Schon im Großmährischen Reich des 9. Jahrhunderts sang man Messen in eigener altslawischer Sprache, und aus dem 11. Jahrhundert liegen bereits schriftliche Musikdokumente vor. Seit damals, der Epoche der Přemysliden-Fürsten, entwickelte sich Musik in Böhmen in engster Symbiose mit der deutschen. Deutsche Minnesänger brachten ihre Kunst an den Prager Přemyslidenhof. Unter dem Luxemburger Karl IV. traten die Einflüsse französischer und italienischer Polyphonie dazu, doch blieb bis ins 19. Jahrhundert hauptsächlich deutsche Musik für die tschechische beispielhaft und stilbildend. Nicht ohne Gegenwirkung: der hussitische Choral, eine tschechische Eigenprägung, beeinflußte den späteren lutherischen, und im 18. Jahrhundert schenkte Böhmen, mit seiner Überfülle von Talenten das «Konservatorium Europas» (ein Wort des englischen Musikreisenden Charles Burney), den deutschen Residenzen Meister wie Georg (Jiří) Benda, Anton Reicha (Antonín Rejcha), die «Mannheimer» Stamitz und F. X. Richter, die «Wiener» Paul Wranitzky oder Carl Czerny. Sie alle trugen zur Entfaltung des musikalischen Klassizismus bei, der dann – mit Haydn, Mozart und Beethoven – höchster Stolz der deutschen Musik wurde und in der tschechischen Mozart-Vergötterung zurückstrahlte. Ein jahrhundertlanges deutschböhmisches Geben und Nehmen, wobei «böhmisch» nicht mit «tschechisch» identisch ist, auch deutschbürtige Meister aus Böhmen und Mähren – der hochbedeutende Johann Stamitz war nur einer von vielen – mehrten den Ruhm des Landes. Damals, und noch in Smetanas Frühzeit, hatte das Wort «böhmisch» keinen nationalistischen Akzent. Es bedeutete einfach: aus Böhmen stammend, ob tschechischer oder deutscher Sprache. Im tschechischen Sprachgebrauch freilich, wo das Wort «český» zugleich als Synonym für «böhmisch» wie für das eine bestimmte Volkszugehörigkeit bezeichnende «tschechisch» fungiert, wurde diese Doppeldeutigkeit im späten 19. Jahrhundert mit einem eindeutig nationalistischen Akzent versehen. Einem historisch sehr begreiflichen. Denn jene uralte deutsch-böhmische Symbiose, die jahrhundertelang auch für die Tschechen äußerst fruchtbar wirkte, verwandelte sich von einem bestimmten Zeitpunkt an auf verhängnisvolle Weise. Dieser Zeitpunkt ist historisch genau zu fixieren. Innerhalb einer einzigen Stunde entschied sich das kulturelle Schicksal der Tschechen für über zweihundert Jahre: nämlich in der kurzen Schlacht am Weißen Berg vor den Toren Prags. Damals, im Jahre 1620, verlor nicht nur das Land Böhmen seine staatsrechtliche Eigenständigkeit innerhalb des Römischen Reiches Deutscher Nation, sondern beide das Land bewohnende Völker verloren auch ihren frei gewählten evangelischen Glauben. Das tschechische verlor noch viel mehr: seine national-kulturelle Identität. Die habsburgisch-katholische Gegenreformation hatte zwar gewiß keine deutschnationalen Vorzeichen, zielte aber dennoch vor allem gegen den tschechischen Bevölkerungsteil, der nun einmal die Mehrheit der widerspenstigen Protestanten stellte. Wer nicht katholisch werden wollte, mußte auswandern; der große tschechische Pädagoge Johann Amos Comenius (Jan Amos Komenský) wurde der prominenteste aber Tausender evangelischer Emigranten. Die tschechische Sprache wurde unterdrückt. Eine lingua franca, und das konnte nur die deutsche Sprache sein, war für den

gegenreformatorischen Zentralismus Habsburgs einfach praktisch, ja
unentbehrlich; selbst der liberale Kaiser Joseph II. konnte nicht darauf
verzichten. Hand in Hand mit der Unterdrückung des Tschechischen
(und auch anderer nichtdeutscher Sprachen innerhalb der österreichischen Monarchie!) ging die katholische Neubesiedlung der böhmischen
und mährischen Randgebiete durch deutsche Einwanderer, die Enteig-
nung des protestantisch engagierten, geschlagenen böhmischen Adels,
dessen Grundbesitz Habsburg-treuen Aristokraten fremder Herkunft
(Colloredo, Schwarzenberg, Clam-Callas, Sporck, Buquoy z. B.) übergeben wurde. Ein europäisch-feudalistischer, kein nationalistischer Prozeß
brachte soziale Umwälzungen: aus Bürgern wurden Untertanen, aus
Bauern Leibeigene. All das wirkte sich zuungunsten der gewachsenen
tschechischen Kultur aus. Wer weiterkommen wollte, mußte deutsche
oder lateinische Schulen besuchen, denn höhere tschechische Lehranstal-
ten gab es nicht. Erst im Jahre 1852 wurde das erste tschechischsprachige
Gymnasium eröffnet und 31 Jahre später die erste tschechische Universität!

Das Bürgertum in den Städten und der Adel Böhmens, die maßgebenden Kulturschichten, sprachen Ende des 18. Jahrhunderts überwiegend
deutsch; auch tschechische Literaten schrieben deutsch. Das Tschechische überlebte nur als Sprache der sozialen Unterschicht. Folgerichtig
ging die nationale und kulturelle Wiedergeburt der Tschechen im
19. Jahrhundert von der Sprache aus. Daß es die deutsche war, die sie
initiierte, gehört zu den für Außenstehende so schwer verständlichen
Scheinparadoxien des deutsch-tschechischen Zusammenlebens; dieselbe
Sprache, die so lange als Werkzeug habsburgischer Unterdrückung gedient hatte, löste nun als Sprache Herders, der mit seinen «Stimmen der
Völker» auch die der «sanften Slawen» und ihr Volkstum neu entdeckte,
und als idealistisch-humanistische Sprache Goethes, Schillers und als romantische Heines eigene tschechische Energien aus, befruchtete und
spornte zum Wetteifern an. Deutsche Kulturströmungen wirkten auf das
«erwachende» Tschechentum des frühen 19. Jahrhunderts viel entschei-
dender ein als die Ideen der Grande Révolution, die ja in der Metternich-
Ära scharf unterdrückt wurden. Gerade dieser restaurative Vormärz aber
war die Zeit der tschechischen Wiedergeburt. Josef Dobrovský hatte
schon um die Jahrhundertwende die tschechische Slawistik begründet.
Josef Jungmann erarbeitete später ein tschechisches Wörterbuch. Hier
wirkte das Vorbild der Brüder Grimm, in den Gedichten des Lyrikers
Karel Hynek Mácha das Byrons und der deutschen Romantiker. Die
tschechischen Volksliedsammlungen Karel Jaromír Erbens waren durch
«Des Knaben Wunderhorn» angeregt worden. Der Historiker František
Palacký weckte den Stolz auf die glücklichere, in der Hussitenzeit heroische Vergangenheit der Tschechen. Schon 1817 hatte der Student Václav Hanka solchem Patriotismus mit zwei begeistert aufgenommenen,

auch von Smetana benutzten (und erst viel später endgültig entlarvten) Fälschungen gehuldigt; da es keine Dokumente alttschechischer Heldensaga gab, dichtete der begabte junge Mann selbst welche und gab sie, raffiniert zurechtgemacht, als Funde heraus.

Ein Frühlingssturm des nationalen Enthusiasmus wehte durch das tschechische Bürgertum. Man schrieb noch immer deutsch – auch Smetana tat das bis in die reifen Mannesjahre –, aber man begann tschechisch zu denken. Vieles war nachzuholen, zwei Jahrhunderte, die zwar dank der Baulust von Adel und katholischer Kirche das Land mit einer Fülle von hellen Palästen und barocken Zwiebeltürmen übersät hatten, von den ihrer Nationalität bewußt werdenden Tschechen jedoch immer mehr als «Zeit der Finsternis» empfunden wurden. Man gründete bürgerlich-gesellige und künstlerische Vereine, den patriotischen Turnverband «Sokol», dessen Muster Friedrich Ludwig Jahn aufgestellt hatte. Wichtig wurde die Nationaltheater-Bewegung. Das alte Ständetheater, ruhmreiche Stätte der Uraufführung von Mozarts «Don Giovanni», war 1783 von dem böhmischen Grafen Nostitz mit der Widmung begründet worden, «die Werke deutscher Meister in deutscher Sprache [zu] pflegen». Dabei blieb es auch; als in den zwanziger Jahren des 19. Jahrhunderts die ersten tschechischsprachigen Singspiele geschaffen wurden, blieben sie im Ständetheater bloß zu Gast, nicht viel anders als einst die italienischen Operntruppen. Ein eigenes tschechisches Nationaltheater zu errichten wurde eines der populärsten Ziele der nationalen Selbstbesinnung.

An deren kulturpolitischen Bestrebungen nahmen die liberalen böhmischen Deutschen lange Zeit sympathisierend Anteil. «Bohemismus» hieß die Chiffre für freundschaftliches, gleichberechtigtes Zusammenleben in Böhmen. Deutsche Dichter, wie der Deutschböhme Karl Egon Ebert oder der «Libussa»-Dramatiker Grillparzer, begeisterten sich nicht minder für alttschechische Geschichte als die tschechischen Literaten selbst, und auf den Barrikaden der Prager Revolution von 1848/49 kämpften Deutschböhmen und Tschechen gemeinsam gegen das Polizeiregime Metternichs. Hier etwa verläuft die historische Scheidelinie. Die Wege begannen sich zu trennen. Die Deutschböhmen, immer mehr in die Abwehr gedrängt, vermochten diese neue Rolle nicht zu begreifen; die Tschechen, so lange unterdrückt, nützten die nationalistischen Zeichen der Zeit, die Schwäche der wankenden Vielvölker-Monarchie.

Am meisten aufzuholen hatte die Musik der Tschechen. Sie war in der nationalen Renaissance weit zurückgeblieben. Zwar fehlte es nicht an Talenten, zahllose Dorfkantoren und Organisten gaben die Tradition des altberühmten böhmischen Musikantentums weiter. Aber es war eine sehr konservative, überfremdete Tradition, auf dem Lande wie in den immer noch von deutschen Bürgern bestimmten Städten, wo Mozart und die Wiener Klassik den guten Ton angaben. Erst die Kenntnis dieser vielfältigen historischen Entwicklungen läßt verstehen, warum die

Tschechen so spät mit eigener Stimme ins europäische Konzert des 19. Jahrhunderts eintraten. Die Singspiele von František Škroup (auch wenn ein Lied daraus, «Kde domov můj», später zur tschechischen Nationalhymne erhoben wurde) sind in ihrem bescheidenen Niveau und ihrer Abhängigkeit von deutschen Mustern noch nicht einmal als Vorstufen zu Smetanas Opern zu werten; eher wirkten die Chöre des soliden Pavel Křížkovský auf ihn ein, aber auch er war nur ein provinzieller Kleinmeister. Es ist ein ungeheurer schöpferischer Weg, der aus solchem Mittelmaß auf die Höhe der jungen tschechischen Nationalmusik Smetanas führte.

JUGEND UND LERNEN

Die Landschaft von Smetanas Kindheit ist das östliche und südliche Böhmen. Flachwelliges Hügelland mit vielen Dörfern und nur kleinen Städten. Heute noch ist Litomyšl (Leitomischl), etwa 120 Kilometer Luftlinie östlich von Prag am Rande der böhmisch-mährischen Höhe gelegen, ein eher verträumtes als reges Städtchen. Zur Zeit von Smetanas Geburt war es geradezu winzig. Das wuchtige Renaissanceschloß des Grafen Waldstein beherrscht auf den alten Bildern ganz die altertümliche, teilweise noch mit Mauern umgebene Stadt. Ein prachtvoller Schloßhof mit drei Stockwerken edler Arkaden – wenn ästhetische Eindrücke eine Kindesseele unbewußt prägen können, so hat Smetana frühzeitig erfahren, was Schönheit ist. Denn auf diesem Platz wuchs der kleine Friedrich auf, seine Wiege stand im Brauhaus gegenüber. Wo heute ein kleines Museum eingerichtet ist, wurde Bedřich Smetana am 2. März 1824 um zehn Uhr morgens geboren. Vater Smetana, damals 47 Jahre alt, vollführte Freudentänze, als er es erfuhr, und ließ gleich ein Faß Freibier auf dem Platz auffahren. Nach sieben Töchtern endlich der ersehnte Sohn!

Franz (František) Smetana (1777–1857) war Pächter der Brauerei. Ein angesehener Mann, arbeitsam, intelligent und gesellig, ein ebenso leidenschaftlicher Jäger wie Musiker. Er hatte sich seinen Wohlstand – auch ein eigenes Haus auf dem Marktplatz bezeugte es – hart erarbeiten müssen. Sein Vater war Faßbinder gewesen. Handwerker wie viele in der Sippe der Smetana, deren Stammbaum, im Riesengebirgsvorland verwurzelt, sich bis ins 16. Jahrhundert zurückverfolgen läßt. František sollte Waldheger werden, wählte aber das Brauhandwerk. Die Gesellenwalz führte ihn bis nach Niederösterreich, Wien und Preußisch-Schlesien. Dort ersparte er sich ein beachtliches Vermögen, das aber im Inflationsjahr 1811 zusammenschmolz. Er kehrte nach Böhmen heim und gründete eine neue Existenz. 1820 heiratete er zum drittenmal; aus

der zweiten Ehe brachte er fünf Töchter mit. Drei Jahre später zog er nach Leitomischl.

Der Vater war für Bedřich Smetanas Entwicklung zweifellos bestimmender als die Mutter. Über Barbora, geb. Lynková oder Linková (1792–1864), Tochter eines herrschaftlichen Kutschers, weiß man nicht viel mehr, als daß sie eine gütige, mütterliche Frau war. Vom Vater hatte Friedrich nicht nur die zierliche kleine Statur, sondern auch die musikalische Begabung. Im gastfreien Brauhaus wurde eifrig musiziert, Streichquartett vor allem – ein Zeichen höherer, wenn auch sehr konservativer Bürgerbildung. Der Haydn-Schüler Ignaz Pleyel und Adalbert Gyrowetz wurden bevorzugt. Der Vater, Autodidakt im Lesen und Schreiben wie im Geigen, spielte selber mit, und bald auch der kleine Friedrich. Er war das, was man ein Wunderkind nennt – nur daß der Vater keinen Augenblick daran dachte, einen zweiten Mozart aus ihm zu machen: es genügte, gut zu spielen und Freude an der Musik zu haben. *Ich, Friederich Smethana, gebohren zu Leutomischl,* so beginnt Smetanas mit sechzehn Jahren angefangenes Tagebuch, das wir in der angepaßten Orthographie der neuen Herausgabe fortsetzen: *Als ich das 4te Jahr erreichte, lehrte mich der Vater Takt zur Musik. Im 5ten Jahre ging ich zur Schule, lernte dabei aber Violin und Pianoforte. Im 7ten Jahr gab ich bei einer Akademie in Leitomischl die Ouverture zur Stummen zum besten ...*[2] Smetanas Tagebuch ist auf deutsch geschrieben, sein Vorname wurde vom

Litomyšl

Unten:
Das Geburtshaus

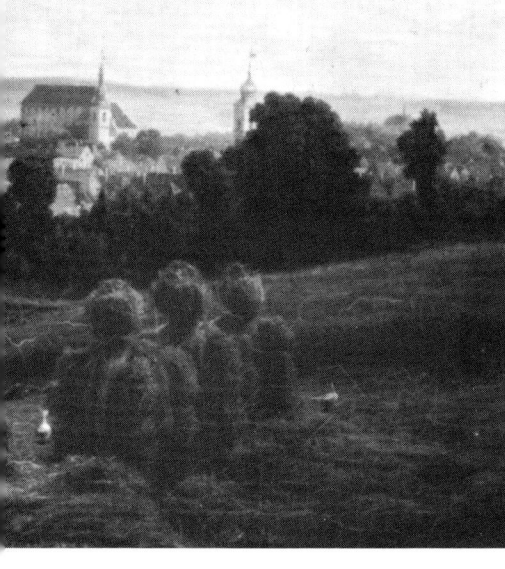

Vater – der selber Briefe an seine Frau mit Franz, nicht František, unterschrieb, aber gar nicht perfekt deutsch konnte – in der Eintragung über die Geburt in der deutschen Form «Fridrich» notiert. Solche Schreibweisen besagen nicht das mindeste über nationale Zugehörigkeit. Deutsch war damals eben die Schreibsprache der Gebildeten, auch eindeutig tschechischer, wie der gesamten Familie Smetana. Selbst wenn

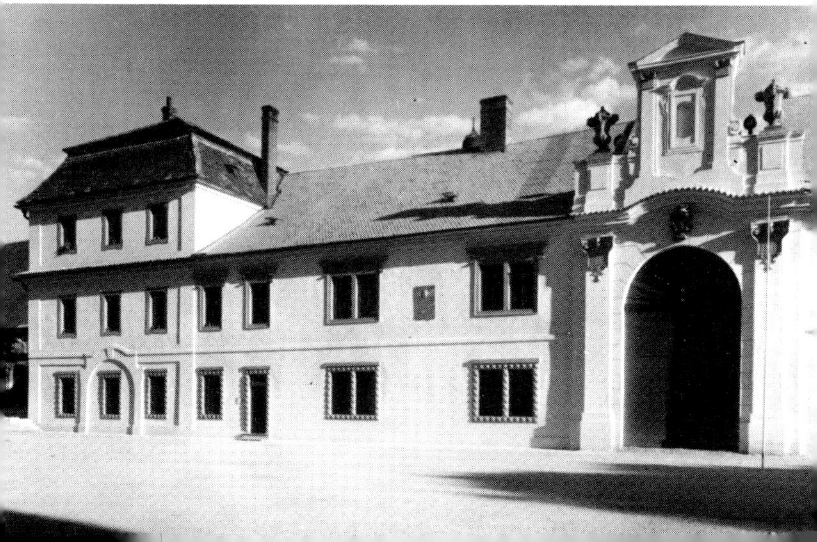

Der Vater: František Smetana

Smetanas Kompositionen bald mit dem Vornamen Friedrich, bald mit Frédéric gedruckt wurden: der reife Meister unterschrieb mit Bedřich, und das ist zu respektieren. Wir schreiben ja auch nicht «Josef» Verdi, obwohl auch er, zumindest in seiner Jugend, ein «Österreicher» war.

Das Wunderkind Smetana also: die schwierige Geige fiel ihm leichter als das Pianoforte: . . . *der Vater zog mich am Ohr und ich mußte mich knien, dann ging ich zur ersten Lektion,* aber bald lud man den kleinen Pianisten auch zur Hausmusik im Schloß ein, und mit acht Jahren «komponierte» er auch schon: einen Galopp für Klavier. Da war die Familie aber schon von Leitomischl fortgezogen. In Neuhaus (Jindřichův

Die Mutter: Barbora Smetana

Hradec), im südböhmischen Teichgebiet, hatte Vater Smetana 1831 eine Brauerei gepachtet, die ihm lukrativer schien. Die vier Jahre in der etwas lebhafteren Kleinstadt wurden für Bedřich insofern bedeutsam, als er bei dem Regens chori František Ikavec nicht nur Unterricht in Geige und Klavier bekam, er lernte auch im Kirchenchor singen. Neuer Szenenwechsel im Jahre 1835. Der Brauerei-Pachtvertrag wurde nicht erneuert, Vater Smetana entschloß sich, selbständiger Landwirt zu werden, und kaufte das Gut in Růžkové Lhotice (Ruschkolhotitz), halben Weges nach Prag gelegen. Dort blieb er etwa zehn Jahre lang. Das Leben bekam ländlichen Zuschnitt, die Familie Smetana bewohnte ein weitläufiges, schloßartiges Gutshaus. In der Nähe erhob sich der sagenumrankte Berg Blaník, der tschechische Kyffhäuser, den Smetana später tondichterisch glorifizierte. Viel Gesinde, das Volkslieder sang und tanzte; doch die Smetana-Legende, die hier schon die Wurzeln seiner Nationalmusik erkennen will, ist bloße Verklärung. Folklore interessierte den Kleinstädter Smetana damals und noch viel später wenig.

Im Gymnasium in Neuhaus war er in den naturwissenschaftlichen Fächern durchgefallen; jetzt schickte ihn der Vater zusammen mit seinem jüngeren Bruder Anton nach dem nahen Iglau, einer damals ganz deutschen Stadt, aufs Gymnasium, damit er richtig deutsch lerne. Bedřich hielt es dort nur ein halbes Jahr aus. Seßhafter wurde er in Deutsch-Brod (Německý Brod), einer beliebten Studentenstadt am Flüßchen Sasawa. Hier verbrachte er drei Jahre am deutschsprachigen Prämonstratenser-Gymnasium, genoß guten Unterricht bei dem musikfreudigen Pater Karel Šindelář, der ihn mit so aufregenden Stücken wie dem Klavierauszug von Webers «Freischütz» bekannt machte. Er spielte mit Kameraden Quartett und freundete sich mit dem um drei Jahre älteren Karel Havlíček an, der später als demokratischer Publizist berühmt wurde. Die Ferien in Ruschkolhotitz brachten vielerlei künstlerische Anregung durch gastierende Komödianten; auch ein Haustheater wurde etabliert.

Galopp. Die erste erhaltene Komposition

Prag: die Altstadt

Der Fünfzehnjährige erlebte die erste Liebesschwärmerei: der fast gleichaltrigen Kusine Louise, die schon Sängerin war, widmete er eine Louisen-Polka. Ein anderes Mädchen, das seine Frau werden sollte, hatte er schon in Neuhaus kennengelernt, aber nur als Gespielin, als «wilde Kathi» wahrgenommen.

Eine unbeschwerte Jugend in Liebe, Wohlstand und Musik. Auch der Wunsch, sich in Prag weiterzubilden, wurde Smetana 1839 erfüllt. Er hatte die böhmische Hauptstadt vorher nur einmal flüchtig, mit seinem Vater, besucht. Prag war damals keinesfalls das, was man heute eine Großstadt nennt, trotz seinen weit über hunderttausend Einwohnern eher eine Provinzmetropole, ohne Eisenbahn, ohne Schlote, dafür mit hundert Kirchtürmen und Palästen. Und mit einem Theater und einem

Kurze Biographie
zum Januar 1840.

«Kurze Biographie» von Smetana, 1840

Konzertsaal! Auf den Provinzler Smetana wirkte das alles überwältigend. Er wohnte bei seiner Tante Magdalena Giličková in der Altstadt und besuchte das weitberühmte deutsche Akademische Gymnasium, dessen Direktor Josef Jungmann (1773–1847) war, als Slawist und Verfasser eines sechsbändigen tschechischen Wörterbuchs einer der Pioniere der tschechischen Wiedergeburt. Aber viel mehr lockten den Jungen die Konzerte auf der Sophieninsel, wo er – ein unauslöschlicher Eindruck! – im Jahre 1840 Franz Liszt eigene Werke spielen hörte, und das deutsche Ständetheater, wo er erstmals Opern lauschte: Auber, Donizetti, Marschner, Meyerbeer. Als man Smetana einmal wegen seiner böhmakelnden Deutsch-Aussprache im Gymnasium verspottete, blieb er zu Hause und schwänzte fortan. Vater Smetana, der nach Ostern 1840 zu Besuch nach Prag kam, erfuhr das durch den Direktor Jungmann. *Der Vater, aufs peinlichste betroffen, eilte zu mir und – soll ich's gestehen? Ja, ich sag's: gab mir eine Ohrfeige, eine tüchtige Ohrfeige. Die erste und letzte Gabe dieser Art, die mir mein Vater verabreichte. «Pack Deine Sachen zusammen – Du fährst nach Hause und wirst Adjunkt in der Wirtschaft.» Und so bin ich dann gefahren. Aber nicht auf lange. Im gleichen Jahr schrieb Professor Smetana aus Pilsen meinem Vater einen Brief. Was denn der kleine Bedřich mache, fragte er, und ob ihn der Vater nicht nach Pilsen schicken wolle? Der Vater war hocherfreut, daß er mich auf diese Art wieder zum Studieren bringen konnte, packte mich zusammen und brachte mich nach Pilsen.*[3]

Dieser Professor Smetana war Bedřichs 23 Jahre älterer Vetter Josef Franz. Ein bemerkenswerter Mann. Physiklehrer an der Philosophischen Hochschule in Pilsen, Prämonstratenserpater, deutsch lehrend und dichtend, dabei ein aufgeklärter tschechischer Patriot. «Nicht durch die Gewalt, sondern durch das Recht, nicht durch die Leidenschaft, sondern durch den Verstand wollen wir Patrioten sein, und fordern wir Gerechtigkeit, so verweigern wir sie auch Anderen nicht. Besonders wir Tschechen müssen uns Mäßigung auferlegen und weit voraus schauen beim Vorwärtsschreiten auf der patriotischen Bahn, um in überspanntem Eifer nicht mehr zu zerstören, als wir aufzubauen gedenken», schrieb er 1842 in sein Tagebuch, ein typisches Zeugnis jener Zeit des versöhnlichen Bohemismus. Der junge Smetana wurde von dem gebildeten und kunstfreudigen Mann stark beeinflußt, auch in die – damals noch vorwiegend deutschsprechende – bürgerliche Gesellschaft eingeführt. Der liebenswürdige Student, älter als seine Klassenkollegen im Gymnasium, weil er ja drei Schuljahre nachzuholen hatte, war in allen Salons begehrt, ein tüchtiger Klavierspieler, der unermüdlich zum Tanz aufspielen konnte und auch selber komponierte. Zwar nahm er das Studium jetzt ernster als in Prag und absolvierte auch nach drei Jahren das Gymnasium, aber die Musik wurde ihm doch immer mehr zur Hauptsache.

In Pilsen sah er auch die «wilde Kathi» aus Neuhaus wieder, und nun

Pilsen

entflammte sie sein junges Herz. Kateřina Kolářová, geboren am 5. März 1827, Tochter eines Steuerbeamten, war inzwischen eine junge Dame und eine vorzügliche Pianistin geworden. Smetana verehrte sie leidenschaftlich. Den Jüngling zog es zu weiblicher Schönheit hin; Elise, Katharina, Klara hießen seine ersten Lieben. Aber was er für die Jugendgespielin empfand, war viel mehr. *Die Klara ist in Prag, ich lerne mich wieder besser kennen; wo ist das Feuer, wo die heilige Glut, mit der ich Klara liebte? . . . Ich spreche mit Gleichgültigkeit von ihr, denke an sie wenn ich muß und – weiß nichts mehr von einer Klara. Wer ist daran schuld? Ihr Benehmen gegen mich, ihr Stolz – ja ausgekühlt ist die Flamme . . . Getrennt sind wir nun und – adieu, à revoir! O Seligkeit, wenn man für Liebe Liebe bekömmt, für ein Herz ein zweites! . . . Begierig bist du, mein Büchlein, wer in meinem Herzen wohnt? Ich sage es dir, doch ich rechne auf deine mir erprobte Verschwiegenheit: die Katharin ist's, die Kathi, jene Virtuosin, die durch ihre Kunst mich vielleicht ebenso wie durch ihre Liebe gefesselt hatte, sie ist's und wird es bleiben!*[4]
Die so wertherisch Angeschwärmte jedoch verhielt sich spröde. Man spielte vierhändig miteinander (sie zweifellos besser als er), aber wer war der Anbeter schon? Ein achtzehnjähriger Student, äußerlich alles andere als ein verführerischer Mann mit seiner schmächtigen Figur (160 Zentimeter hoch, kleiner als der sprichwörtlich «zwergenhafte» Richard Wagner) und der Drahtbrille, die er seit dem fünfzehnten Lebensjahr wegen

seiner Kurzsichtigkeit trug. Was hatte er für eine Zukunft? Daß er ein begabter Pianist war und in seinem Tagebuch das stolze Œuvre von 13 Kompositionen registrierte, bedeutete nicht viel. Denn diese Stücke, ein Streichquartett, mehrere Polken darunter, waren ja bloße dilettantische Versuche, in *völliger Finsternis geistiger musikalischer Ausbildung komponiert*, wie Smetana wenige Jahre darauf selber kritisierte. Wie sollte es weitergehen nach Absolvierung des Gymnasiums? Smetana war entschlossen, Musiker zu werden. *Mit Gottes Hilfe und Gnade bin ich einst in der Mechanik ein Liszt, in dem Componieren ein Mozart*, vertraute er schon Anfang 1843 dem Tagebuch an.[5] Musik studieren, nach Prag gehen – das war leichter geplant als getan. Vater Smetana wollte nichts davon wissen, zumal er damals in wirtschaftliche Schwierigkeiten geriet, denn das Gut in Ruschkolhotitz erwies sich als unrentabel. Schließlich, nach heftigen Auseinandersetzungen mit dem dickschädligen Bedřich, gab der Alte nach; der kluge und weitblickende Vetter Josef Franz aus Pilsen hatte ihn umgestimmt.

Im Oktober 1843 zog Smetana zum zweitenmal in Prag ein, mit nichts als den väterlichen 20 Gulden in der Tasche und Musikbegeisterung im Herzen. Er wohnte diesmal bei seiner «Cousine Pepi» in der Neustädter Petersgasse. Das Zimmer teilte er mit zwei Jurastudenten. Die erste Enttäuschung: Am Konservatorium wurde er nicht aufgenommen, die Anmeldefrist war um. Die zweite Enttäuschung: Klavierstundengeben brachte nicht genug zum Leben. *Die Kost nahm ich im Gasthause pr. 21 Kr. w. täglich – so lange Geld war. Sehr oft ging ich hungrig zu Bette, einmal hatte ich durch drei Tage nichts als ein kleines Tüpfchen Kaffe mit einer Semmel täglich zum Frühstück gegessen und dann – nichts mehr. Ich war schon 2 Monate in Prag, ohne ein Piano bekommen zu können . . .* Erst im Dezember mietete er eines auf Pump und begann wie ein Berserker zu üben, von früh bis spät. Der angebeteten Käthe, die jetzt in der privaten Musikschule von Josef Proksch als Klavierlehrerin tätig war und dort wohnte, kam er auch nicht näher. In Jungbunzlau, wohin ihre Eltern übersiedelt waren, hatte er sie besucht und war freundlich empfangen worden; jetzt aber war er wieder Luft für sie. Mutter Kolářová brachte neue Hoffnung in Smetanas Leben: sie vermittelte, daß Proksch ihn als Schüler annahm, für einen Gulden Honorar pro Stunde. Eine unerhörte Chance, denn Proksch nahm nicht jeden an. Er war ein hochbegehrter Lehrer, seine Musikschule genoß höheres Ansehen als das Konservatorium. Aber der Gulden pro Stunde! Wie sollte ihn Smetana aufbringen? Anfang Januar war er am Ende. Verzweifelt, entkräftet, denn er aß längst nichts Rechtes mehr, legte er sich aufs Bett und wollte nichts mehr als sterben. Da klopfte der Rettungsengel in Gestalt eines herrschaftlichen Boten des Grafen Thun-Hohenstein an die Tür: ob der junge Mann dort Hauslehrer werden wolle?

Das war die entscheidende Wende. Natürlich stellte sich Smetana

1843

sofort vor, wurde mit 300 Gulden jährlich engagiert und unterrichtete
fortan über drei Jahre lang, täglich fünf Stunden, die fünf Kinder des
Grafen im Klavierspiel. Vier von ihnen waren total unmusikalisch, aber
was tat es: jetzt wußte Smetana seinen Lebensunterhalt gesichert und
konnte den Gulden für die Stunden bei Proksch erschwingen. Dieser
Josef Proksch (1794–1864) war genau das, was Smetana brauchte. Ein
hochangesehener Musiktheoretiker und Musiker – früher hatte er als
Pianist geglänzt – und ein äußerst fortschrittlicher Mann, was dazumal in
Prag nicht selbstverständlich war. Dem Prager Mozart-Kult des Vormärz
schien selbst Beethoven suspekt. Dionys Weber, als Konservatoriumsdirektor Säule dieses reaktionären Konservatismus, hatte gerade erst,
1843, dem fortschrittlichen Johann Friedrich Kittl Platz gemacht (übrigens: der einzige Komponist, der sich rühmen kann, ein von Richard
Wagner verfaßtes Libretto vertont zu haben, nämlich das zur Oper
«Bianca und Giuseppe oder Die Franzosen vor Nizza»). Jetzt zog ein
neuer Geist in Prags Musikleben ein. Man spielte Beethoven, Mendelssohn, sogar Schumann und Berlioz. Prokschs pädagogische Tätigkeit
bewegte sich ganz auf dieser Linie. Der aus Reichenberg gebürtige
Deutschböhme, der seit seinem dreizehnten Lebensjahr blind war, war

ein äußerst strenger Lehrer. Das, wie er sagte, «ungestüme Talent» des jungen Smetana schätzte er zuerst gar nicht sehr; als er aber sah, mit welcher fleißigen Disziplin der Schüler Fugen und Kanons übend zu Papier brachte, nahm er sich seiner warmherzig an. Bach – damals für Smetana ebenso wie die gesamte Theorie der Musik ein «spanisches Dorf» – und Beethoven bildeten die Basis bei Proksch, die zeitgenössische Moderne, Schumann, Chopin, sogar Liszt, wurde aber einbezogen. Wichtig wurde für Smetana die Melodielehre Prokschs, die aus einer Dreiton-Keimzelle Melodien organisch erwachsen ließ – in Smetanas Reifewerk, besonders in der Oper *Dalibor*, ein unübersehbares Charakteristikum. Am allerwichtigsten war vielleicht Prokschs philosophisch-moralische Auffassung der Musik: nicht als unverbindliches Ton-Spiel, sondern als humane Aussage einer moralischen Persönlichkeit: «. . . daß der ganze Mensch die künstlerische Idee ausmache und darstelle.»

Smetana war sich bewußt, was er Proksch verdankte und blieb ihm auch noch verbunden, als er über die Schülerschaft hinausgewachsen war. Der Unterricht, gestützt auf das damals maßgebende Lehrbuch der Komposition von Adolf Bernhard Marx, auf Analysen klassischer Meisterwerke und viele schriftliche Übungen, wurde auch während der Reisen Smetanas auf die Landgüter des Grafen Thun mit Postsendungen aufrechterhalten. Viel Anregung bot das aufblühende Konzertleben in Prag, auch wenn es sich vornehmlich auf gastierende Virtuosen beschränkte. Zwei Konzerte mit Berlioz, der unter anderem seine «Phantastische Symphonie» dirigierte, ragten heraus, 1846 kam Liszt zum zweitenmal, enthusiastisch gefeiert, und im selben Jahr lernte Smetana im Haus seines Grafen auch das Ehepaar Robert und Clara Schumann kennen, mit dem er in verehrender brieflicher Verbindung blieb. Als Pianist bildete sich Smetana autodidaktisch mit großem Fleiß weiter, im März 1845 trat er in einem Konzert des Instituts Proksch erstmals in Prag auf, vierhändig mit Käthe. Er ließ nicht ab, um sie zu werben, und langsam erwarb er sich wirklich mit dem zunehmenden Respekt vor seinem künstlerischen Ernst die Zuneigung der Geliebten. Der Klavierzyklus *Bagatelles et Impromptus*, erst nach Smetanas Tod veröffentlicht, spiegelt mit seinen gefühlvollen Tonpoemen ebenso die Stationen von des Komponisten stürmischer Liebe wie der deutsch gedichtete Achtzeiler, den er auf die Rückseite des Widmungsexemplars mit Bleistift schrieb: *O Du! so hoch von keiner Seele / Als von der meinigen geschätzt, / O blick herab zu mir und wähle, / Ja wähle, was Dein Herz ergötzt . . .*[6] Aber der Komponist Smetana hielt sich während dieser Studienjahre sehr zurück. Ein paar Klavierstücke für die Thunschen Komtessen, ein paar Lieder sind als bloße Fingerübungen zu werten, auch noch die *Klaviersonate in g-moll*, ein schwungvolles Zeugnis von Smetanas kompositorischen Fortschritten; das Finale wurde später im ersten Meisterwerk, dem *Klaviertrio in g-moll*, neu verwertet.

Die dreieinhalb Jahre als Hauslehrer beim Grafen Thun und Schüler bei Proksch bedeuteten eine glückliche Zeit für Smetana. Er tanzte viel und war allseits beliebt: «Ich habe ihn auch nie schlechter Laune gesehen – immer heiter und zu jedem kindischen Scherz geneigt», erinnerte sich seine Schülerin, die Komtesse Elise Thun –, und er hatte gute Hoffnung, auch geliebt zu werden von seiner vergötterten Käthe. Mit ihr wollte er ein gemeinsames Leben beginnen, und dies als selbständiger Künstler, auf eigenen Beinen.

Mitte 1847 kündigte er seine Hauslehrerstellung beim Grafen. Man ließ ihn ungern gehen, folgte aber seiner Empfehlung, Kateřina Kolářová als Nachfolgerin einzustellen. Bedřich Smetanas Lehrjahre waren zu Ende.

Josef Proksch

Robert und Clara Schumann. Lithographie von Kaiser

DER JUNGE PIANIST

Daß er nicht von seinen Kompositionen leben konnte war Smetana klar. So hoffte er, sich als Pianist eine Existenzbasis zu schaffen. Der Pilsner Vetter Josef Franz, den er um Rat gefragt hatte, ermutigte ihn zu seiner ersten Tournee, in einem deutsch geschriebenen Brief, der einen einzigen tschechischen Nebensatz enthält: «Noch einen Wunsch möchte ich gerne beifügen für mich und das Vaterland: aby jste cestoval co český umělec!» [daß Sie als tschechischer Künstler reisen!][7] Die Tournee ließ sich in Pilsen, wo man ihn ja kannte, gut an, brachte aber schon in Eger ein finanzielles Fiasko. Smetana brach sie daraufhin ab, kehrte nach Prag zurück und hielt sich mit Stundengeben über Wasser. Anfang 1848

Das Palais Thun in Prag

bewarb er sich um die Konzession zur Gründung einer privaten Musikschule. Die Bewilligung zog sich hin, in seiner wachsenden Depression
faßte Smetana einen geradezu tollkühnen Entschluß: er, der Niemand,
bat den großen Liszt, den er gar nicht persönlich kannte, um Unterstüt-
zung! Er legte das Manuskript seiner jüngsten Klavierkomposition, der
Six morceaux caractéristiques, als op. 1 bezeichnet, einem Brief bei, in
dem es heißt: *Euer Wohlgeboren! Im vollen Vertrauen auf Ihre weltbe-
kannte Großmuth und Güte, wage ich es, dieses kleine Geistesprodukt
Ihnen zu widmen . . . Meine Conditionen bringen mir monathlich 12 fl.
Cm., so daß ich gerade so viel habe, um nicht zu verhungern. Meine
Compositionen kann ich nicht drucken lassen, weil ich darauf zahlen
müßte . . . Nun stehe ich vor Ihnen bittend, dieses Werk gütigst anzunehmen, und es drucken zu lassen! Doch noch Eine Bitte wage ich: meine
jetzige Lage ist – schrecklich, Gott möge jeden Künstler vor solcher
bewahren! – Doch sehr leicht könnte ich mir eine Existenz verschaffen,
die mich zum Glücklichsten auf Erden machen würde, da ich im Stande
wäre, den einzigen Wunsch zu erfüllen, den ich habe, nemlich: meine
armen alten Eltern bis an ihr Ende pflegen zu können, wenn ich zu
meinem Vorhaben eine Aushilfe hätte! Es besteht darin, eine Musikbil-
dungs-Anstalt errichten zu können . . . Ich bin daher so kühn, mit
Gefahr in Ihren Augen als anmaßend zu erscheinen, Sie um eine Anleihe*

von 400 fl. Cm. zu bitten, die ich wieder zu erstatten mich feierlichst selbst
mit meinem Leben verpflichte ... In der größten Unruhe bitte ich noch
einmal, und ich hoffe nicht umsonst, Ihre Antwort, möge sie enthalten,
was sie wolle, mein Glück oder Unglück, nicht zu verschieben, sondern
bald aus meinen Zweifeln dadurch mich zu entreißen; denn in einigen
Wochen könnte vielleicht – kein Smetana existieren ...[8]

Ein verrückter Brief, einschließlich der Selbstmorddrohung eines dem
Adressaten völlig Unbekannten. Aber Liszt, der allzeit Hilfsbereite und
Großmütige, half wirklich. Schon eine Woche später schrieb er aus
Weimar zurück, bedankte sich für die Widmung der Stücke (die «wirklich zu den ausgezeichnetsten, schön empfundenen und feinst ausgear-
beiteten gehören, welche mir in letzter Zeit vorgekommen sind»), ent-
schuldigte sich, daß er selber kein Geld auftreiben könne, versprach aber,
einen Verleger zu suchen – was er auch wahrmachte: die Stücke erschie-

Smetanas erster Brief an Franz Liszt, 1848

nen als erste gedruckte Smetana-Werke 1851 bei Fr. Kistner in Leipzig. Für Smetana bedeutete dieser Brief Beglückung und Ermutigung. Zum erstenmal sah er sich von einem großen, weltberühmten Künstler wie einen Kollegen anerkannt. Der Briefwechsel leitete eine lebenslange, ungetrübte Musikerfreundschaft ein.

Inzwischen zog jedoch die Politik den jungen Komponisten in ihren Wirbel. Im März griff die von Paris ausgehende Revolution auf Wien über, Metternich wurde gestürzt, der Kaiser floh aus Wien und trat zurück, auch das stille, biedermeierliche Prag geriet in Unruhe. Man verfaßte Resolutionen, verlangte mehr bürgerliche Freiheiten, die Tschechen hofften auf eine Erneuerung ihrer staatlichen Selbständigkeit im Rahmen der Monarchie, Bürgergarden wurden formiert. Smetana hatte sich bisher weder um Politik noch um nationale Angelegenheiten gekümmert. Er war mit seiner Musik und mit seiner Liebe zu Käthe genug beschäftigt. Aber in dem Künstlerverein «Concordia», wo immer noch Deutsche und Tschechen gesellig verkehrten, wurde er doch durch demokratische Patrioten wie den Dichter Josef Kajetán Tyl, den einstigen Kommilitonen Karel Havlíček und den Publizisten Karel Sabina – sein späterer Kompagnon bei der *Verkauften Braut* – beeinflußt, und nun zog die allgemeine revolutionäre Begeisterung auch ihn in den Bann. Als Nationalgardist hielt er auf der Kleinseite Wache, er komponierte Märsche für die Studenten-Legion und für die Nationalgarde (mit dem Zitat des Kaiserliedes darin!) und ein *Freiheitslied* auf wahrhaft aufrührerische Verse von Jan Jiří Kolár: «Krieg! Krieg! – die Fahne weht. / Auf, Tschechen, Gott ist uns günstig / . . . Wer da Tscheche ist, ergreife das Schwert . . .» In den blutigen Pfingsttagen des Juni 1848 zerschlugen die Truppen des Generals Windischgrätz die Prager Revolution. Liberale Deutsche und Tschechen hatten noch gemeinsam auf ihren Barrikaden gestanden. Die Unterdrückung durch Habsburgs Militär spaltete jedoch fortan zunehmend die beiden Völker Böhmens; die Tschechen begannen, Habsburg mit dem Deutschen schlechthin zu identifizieren.

Davon war Smetana weit entfernt. Die Revolution hatte ihn nur oberflächlich berührt. Er flüchtete in den Wirren nach Obříství bei Melnik, am Zusammenfluß von Moldau und Elbe, wo sein Vater nach dem Verkauf des Ruschkolhotitzer Gutes die gräfliche Trautmannsdorffsche Bierbrauerei gepachtet hatte (so bettelarm und unterstützungsbedürftig, wie Smetana dies in seinem verzweifelten Brief an Liszt dargestellt hatte, war er gar nicht). In Obříství schrieb Smetana sein erstes Orchesterwerk, die *Festouvertüre* (*Slavnostní ouvertura*). Ein zwischen Beethoven und Berlioz hin- und hergerissenes, gleich mit pompöser Besetzung prunkendes, aber noch unselbständiges Werk. Viel persönlicher muten die vorher entstandenen, Liszt gewidmeten *Six morceaux caractéristiques* an. Schumann ist das unverkennbare Vorbild, was sich nicht nur in den poetisierenden Überschriften äußert (*Im Walde, Erwa-*

Smetanas Musikinstitut

*chende Leidenschaft, Das Schäfermädchen, Die Sehnsucht, Der Krieger,
Die Verzweiflung*), sondern auch in dem an die Kreisleriana gemahnen-
den Klaviersatz. Bemerkenswert, wie sich schon in dieser ersten Komposition, die Smetana überhaupt (als op. 1) gelten ließ, Romantik formal
gebändigt gibt: die Wald-Poesie des ersten Stückes wird in linearem
Kanon ausgebreitet.

Endlich kam die Genehmigung zur Eröffnung der Musikschule, im
Hochsommer 1848 begann Smetana mit dem Unterricht. Die dürftige
Einrichtung, drei Klaviere als Wichtigstes, hatte er sich schließlich doch
noch auf Kredit besorgt; mit fünfzehn Schülern begann er, und bald
strömten so viele zu ihm – die adeligen Familien ließen ihn nicht im Stich
–, daß er Assistenten einstellen mußte. Er begann in einem Hinterhof am
Altstädter Ring, übersiedelte mehrfach und etablierte sich seit 1850 In

der Grube (V jámě) im Zentrum der Neustadt. Smetana führte eine ausgesprochen fortschrittliche Musikschule, als Klavier- und Theorielehrer, auch als Veranstalter von Kammermusikabenden, wo er selber in einem Klaviertrio mitspielte und so moderne Komponisten wie Chopin, Schumann und Liszt aufführte. Die Zeit, die reaktionäre Ära des Ministerpräsidenten Alexander Freiherr von Bach, war traurig, für Smetana jedoch voller Hoffnung und Glück. Seine Existenz als Musiker schien materiell so weit gesichert, daß auch die sehr realistisch denkende Käthe ihrem Herzen endlich einen Stoß gab. Am 27. August 1849 heirateten beide in der Stephanskirche. Kateřina Kolářová arbeitete als tüchtige Pianistin in der Musikschule mit; die alten Bilder zeigen keine strahlende Schönheit, doch ein sehr beseeltes Antlitz, eine liebenswürdige und gefühlswarme, hübsche junge Frau, sicher eine gute Kameradin. Erst wohnte man bei den Eltern Kolář, später wechselte Smetana vielfach seine Prager Wohnungen.

Prospekt der Musikschule

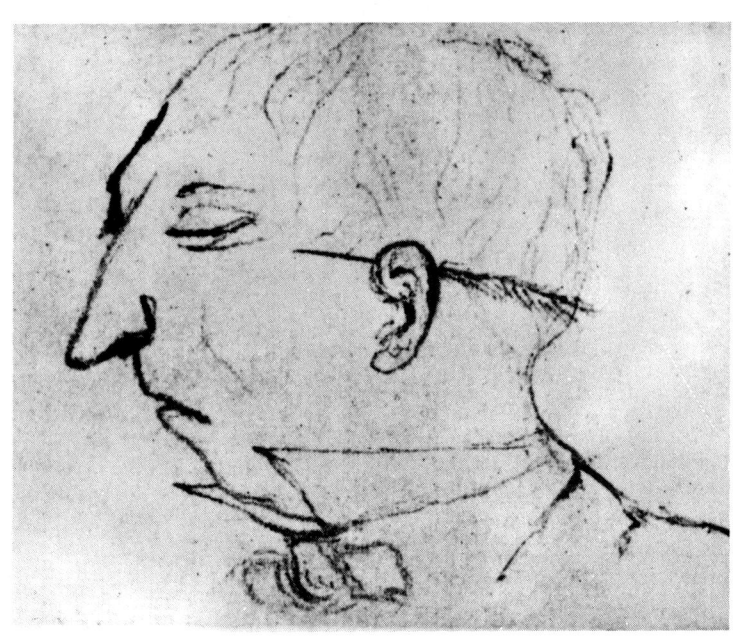

Ein Musiklehrer studiert J. S. Bachs «Inventionen» ein. Karikatur von Smetana

Neues Liebesglück, neue Schaffenslust! In bürgerlicher Bescheidung gab es keine Not mehr. Smetana verdiente sich als Klavierlehrer bei adeligen Familien ein Zubrot – auch als Vorspieler, für 2 Gulden je Stunde, beim abgedankten Kaiser Ferdinand I., der auf dem Hradschin seinen Alterssitz hatte. Für eine Thun-Komtesse hatte er schon früher die bewußt einfach gehaltenen, den technischen Fähigkeiten der Schülerin angepaßten drei *Hochzeitsstücke (Svatební scény)* geschrieben, die dadurch bemerkenswert sind, daß aus dem dritten Stück 48 Takte fast unverändert, nur von F-Dur nach G-Dur versetzt, in die Orchesterintroduktion der ersten Szene der *Verkauften Braut* übernommen wurden.

Das ist nur e in Beispiel für viele, die von Smetanas ökonomischer Auswertung musikalischer Einfälle zeugen. Es ließen sich noch viele andere Beispiele aus diesen pianistisch so produktiven fünfziger Jahren zitieren; Charakterstücke wie *An Robert Schumann* nährten später die heroische *Libuše*-Partitur, Virtuosenstückchen wie die fragmentarische *Ballade in B-Dur* die reife *Wyschehrad*-Tondichtung. Der auf Lisztschen Pfaden in die Zukunft der damaligen Moderne vorwärts schreitende Klaviervirtuose Smetana hinterließ kompositorisch überraschend spärliche Spuren, eigentlich nur in dem brillanten *Allegro capriccioso in h-moll* von 1849. Immerhin, Smetana muß ein außerordentlicher Pianist

Smetanas erste Frau: Kateřina (Käthe), geb. Kolářová

gewesen sein. Sicher kein Tastenakrobat vom Format Liszts oder Thal-
bergs, eher ein Poet der Tasten. «Von ihm gespielte kleine Passagen und
Verzierungen hörten sich an, als liefe ein Mäuschen über die Tastatur»,
erinnert sich eine seiner Schülerinnen, die Gräfin K. Thun, und Smetanas Tochter Žofie schrieb: «Es ist allerdings wahr, daß er in der
Spielstärke mit den übrigen Künstlergrößen nicht konkurrieren konnte,

dafür waren aber sein Vortrag und seine Technik vollkommen und einmalig. So, wie mein Vater Chopin spielte, hörte ich ihn von keinem anderen Künstler.»

Chopin war nächst Schumann und Liszt Smetanas pianistischer Abgott. Ohne das Vorbild des Polen hätte Smetanas Polka-Œuvre nie das werden können, was es tatsächlich ist: das international viel weniger bekannte, aber durchaus vergleichbare Gegenstück zu Chopins Mazurken. Die Polka war seit Mitte der dreißiger Jahre der Modetanz des böhmischen Bürgertums. Ein eher städtischer Tanz, auch wenn er wahrscheinlich irgendwo auf dem Lande entstanden war. Auf dem böhmischen oder mährischen, sicher nicht in Polen; der Name hat nichts mit diesem slawischen Land zu tun, sondern ist tschechischen Ursprungs und kommt von půlka (die Hälfte): schnelle, kurze Schritte im Zweiviertel-, im Halbtakt. Schon als klavierspielender Student hatte Smetana die Polka-Tanzwut mit eigenen Kompositionen befriedigt. Welcher Wandel von diesen simplen Tanzstückchen zu den Polkas, die er seit der Beendigung seiner Studien bei Proksch schrieb! Im ganzen hinterließ Smetana über dreißig Polka-Kompositionen für Klavier. Auch noch in jeder seiner acht Opern, sogar in der heroischen *Libuše*, in seiner Kammermusik, im Zyklus *Mein Vaterland* ist die Polka kunstvoll verfeinert als Symbol des Volkstümlichen oder Tschechischen lebendig.

Solche Sublimierung zeichnet schon die Anfang der fünfziger Jahre entstandenen Polkas aus. Das ist keine Musik zum Tanzen mehr, sondern zum genießerischen Anhören. Teils virtuos, teils zart und voller Charme, oft mit kontrapunktischen und modulatorischen Finessen angereichert, so daß sich der Polka-Charakter manchmal ganz verliert (so schon in der frühen *g-moll-Polka*, die man eher eine Invention im Sinne Bachs nennen könnte), und immer unverkennbar in der expressiven Eigenart: Ton-Dichtungen auch hier, obwohl Smetana keine assoziativen Titel darüber schrieb. Die *Trois Polkas de Salon* und die *Trois Polkas poétiques* von 1855, mit dem Juwel in Fis-Dur an der Spitze, einer der bei den Tschechen populärsten Smetana-Kompositionen überhaupt, bilden so etwas wie ein Konzentrat von Smetanas tonpoetischem Polka-Kosmos.

Vorher schon hatte er einen größeren Klavierzyklus, achtzehn als *Stammbuchblätter* bezeichnete Charakterstücke nach Schumann-Art, an Schumann und Liszt zur kritischen Begutachtung gesandt. Clara Schumann antwortete etwas kühl und monierte Romantisches als «zu bizarr», Liszt lobte gütig. 1851 wurde bei Kistner in Leipzig das erste Heft der ungleichwertigen Klavierpoeme gedruckt, einige erst nach des Komponisten Tod. 1853 entschloß sich Smetana zu einer großangelegten, wohlgeplanten, weil zur Feier der Hochzeit Franz Josephs I. mit der bayrischen Prinzessin Elisabeth gedachten Orchesterkomposition. Diese *Triumph-Symphonie* (*Slavnostní symfonie*) in E-Dur ist Smetanas einzige absolute Symphonie. Der junge Kaiser war damals noch eine große

Hoffnung der Liberalen, auch der Tschechen, und es ist bezeichnend für Smetanas damalige politische Einstellung, daß er Haydns berühmtes Kaiser-Lied, das später als österreichische Volkshymne mit dem neuen Text «Gott erhalte, Gott beschütze unsern Kaiser, unser Land» den nationalistischen Tschechen verhaßt wurde, in dreien der vier Sätze zitierte, im Final-Ausklang sogar in pompöser Tutti-Apotheose. Die Tschechen verdrängten bis heute dieses Werk wegen der Hymnenzitate, obwohl Smetana selber es in seinem letzten Lebensjahr neu entdeckte und, kritisch Längen streichend, zur Aufführung empfahl. Tatsächlich ist die Symphonie besser als ihr Ruf bei den Tschechen. Mit einem brillanten Scherzo im Dreivierteltakt und großer Final-Steigerung noch sehr beethovenisch, etwa in der Nähe des «Fidelio», gerade darum ein wichtiges Dokument von Smetanas vorwagnerischer Zeit. Denn erst ein Jahr später hörte er mit dem «Tannhäuser» im Prager Ständetheater seine erste Wagner-Oper, «Lohengrin» und der «Fliegende Holländer» folgten bis 1856, und von da ab erst wandelte sich der Beethovenianer Smetana zum Wagnerianer, mit allen kompositorischen und kulturpolitischen Konsequenzen. Die Widmung der *Triumph-Symphonie* an den Kaiser wurde übrigens von einem bürokratischen Oberstkämmerer abgelehnt. Smetana hob das Werk, mit dem Orchester des Ständetheaters, 1855 im Konviktsaal selber aus der Taufe. Es war sein erstes Auftreten als Dirigent, außerdem spielte er noch Bach, Händel, Mendelssohn, Chopin und eine eigene Polka. Ein überlanges, kunterbuntes Programm, wie damals üblich. «Mit seiner [Smetanas] Kraft ging zugleich den Lampen, die den Saal beleuchteten, das Öhl aus, und der sehr unangenehme Geruch der verlöschenden Lampen machte, daß auch dem Publikum die Freude am Anhören der Musik auszugehen anfing . . . Der pekuniäre Erfolg war kein sehr glänzender . . . Friedrich übergab mir als Antheil 25 f. C. M. welche ich zur Bestreitung der notwendigsten Bedürffnisse der Kinderchen und meiner Person verwendete», so erinnerte sich Frau Kateřina.

Die Kinderchen – drei Töchter waren Smetana bis dahin geboren worden, im Oktober 1855 kam noch eine vierte nach. Smetana liebte alle. Die erstgeborene Friederike, im Familienkreis Fritzchen genannt (Bedřiška), vergötterte er, sie schien sein musikalisches Genie geerbt zu haben: *Drei Jahre alt sang sie schon Lieder mit Text, sehr gut intonierend, und auf dem Piano spielt sie die C-Dur-Skala auch in Gegenbewegung mit beiden Händen. Sie kannte alle Stücke, die in der Schule gespielt wurden und die Namen der Autoren,* trug der stolze Vater ins Tagebuch ein. Als sie im September 1855 mit viereinhalb Jahren an Scharlach starb (die um ein Jahr jüngere Gabriela war neun Monate früher gestorben), brach für die Eltern eine Welt zusammen. Smetana suchte Trost in der Musik. Das *Klaviertrio in g-moll*, unmittelbar nach dem Tod Fritzchens komponiert und dem Andenken des Kindes gewidmet, ist Smetanas erstes vollgültiges Meisterwerk größerer Form. Das von der Violine auf der G-Saite

Chopin. Zeichnung von George Sand, um 1847

intonierte Hauptthema, zerklüftet, mit einem Schluchzer über eine Duo-
dezime, prägt bereits den hochexpressiven Stil des ganzen dreisätzigen
Werkes. Der Allegro-Mittelsatz ist motivisch mit dem ersten verknüpft,
das Presto-Finale, ein Moll-Rondo mit einer sehnsüchtigen Gesangsmelodie als zweitem Thema, klingt in D-Dur aus, Klangsymbol von leid-
überwindender Lebensbejahung. Ein für Smetana sehr bezeichnendes
Werk. Bekenntnishaft, Beethovens Devise «per aspera ad astra» mit
romantischer Inbrunst und sehr persönlich abwandelnd. Obwohl die
klassische Sonatenform beibehalten ist, wirkte das Trio, das schon im
Dezember 1855 in einer Smetana-Soiree (mit dem Komponisten am
Flügel) uraufgeführt wurde, befremdlich kühn und unverständlich.
    Der Tod entriß den Smetanas im Juni 1856 nochmals, zum drittenmal,
ein Töchterchen; nur Žofie überlebte. Kateřinas Gesundheit wurde immer mehr durch eine ausbrechende Lungentuberkulose untergraben.
Auch wirtschaftlich ging es bergab. Schulden waren abzutragen, neu

Liszt am Klavier. Fotografie, sechziger Jahre. Vielleicht von Hanfstaengl

gegründete private Musikschulen machten Konkurrenz. Die Schüler freilich, viele adelige darunter, blieben Smetana treu und vergötterten ihn. «Das kleine Zimmer, das Smetana als Arbeitsstube diente, und in das er mich manchmal einlud, um auf seinem Klavier zu üben, trug den Stempel Smetanas. Auf dem Schreibtisch lagen die Schriften Wagners, an der Wand hing das bekannte große Portrait Robert und Clara Schumanns, dann ein Bild Berlioz', von dem uns Smetana oft und gern erzählte. Aber am häufigsten brachte er die Sprache auf Liszt, von dem er behauptete, daß er von dessen Spiel in einer bloßen halben Stunde mehr gelernt habe, als er bei anderen Klavierspielern in ganzen drei Jahren profitieren konnte. Als Lehrer war Smetana freundlich, mäßig streng und erreichte bisweilen mit einer leicht ironischen Bemerkung mehr als mit strenger Rüge», berichtet sein Schüler Dr. Leopold Hruš. Der Komponist hatte das Vergnügen, mit Liszt im August und im September 1856, als der Gast im Veitsdom seine «Graner Messe» aufführte, ausgiebig zusammen zu sein, man diskutierte und musizierte stundenlang in Smetanas Wohnung.

Die Freundschaft und Kameradschaft des älteren, weltgewandten Meisters ließ Smetana die Enge der heimischen Musikverhältnisse um so deprimierender empfinden. Er war nun schon 33 Jahre alt und hatte immer noch nichts Rechtes erreicht, sah auch keine Zukunftschancen in der stickigen Prager Luft. So entschloß er sich im Oktober, eine ganz unverbindliche Einladung aus dem schwedischen Göteborg anzunehmen. Sein böhmischer Pianistenkollege Alexander Dreyschock, der dort einige Zeit gewirkt hatte, empfahl ihn reichen Damen, die einen Klavierlehrer suchten. Es waren keine glänzenden Aussichten; zudem mußte Smetana die kränkelnde Frau und das Töchterchen daheim lassen. Dennoch reiste er am 11. Oktober 1856 aus Prag ab. *Es ist ein altbekanntes Lied, daß das Vaterland seine Kinder nicht erkennen will, und daß ein Künstler gezwungen ist, sich im Ausland einen Namen zu machen und sein Brot zu verdienen. Auch mich hat dieses Los getroffen.*[9]

IN DER FREMDE

Am 17. Oktober 1856 war Smetana, über Hamburg, Kiel und Kopenhagen reisend, in Göteborg angekommen, eine Woche später stellte er sich schon in einem Konzert als Pianist vor, und bald war er der musikalische Mittelpunkt der schwedischen Hafen- und Handelsstadt. Der Anblick des Meeres hatte ihn überwältigt, der des Göteborger Hafens mit seinem schwimmenden Wald hochmastiger Seeschiffe mußte ihm zumindest imponieren. Nicht so das Musikleben. *Die Leute hier sind noch in einer antediluvianischen Kunstanschauung fest eingerostet. Mozart ist ihr Abgott, aber noch nicht einmal verstanden. Beethoven ist gefürchtet, Mendelssohn als ungenießbar erklärt, und die neueren kennen sie nicht. Schumann's Werke habe ich zum Erstenmale hier vorgeführt . . . Was mich am meisten bewog, hier zu bleiben, ist der große Wirkungskreis in meiner Kunst. Es ist nämlich aus den traurigen Resten des alten Mozart-Vereines ein neuer Verein zusammengetreten, unter dem Namen: Verein für klassische Musik alter und neuer Zeit, der mich zum Director erwählt hat mit einem fixen Honorar von 100 Thalern schwedisch. Jede Woche ist an einem bestimmten Tage die Zusammenkunft, und es werden große Werke studiert. Die Wahl derselben ist mir überlassen. Ich habe nun die schönste Gelegenheit auf den Fortschritt und den Geschmack der Leute einzuwirken.*[10] So berichtete Smetana ein halbes Jahr nach seiner Ankunft dem Freund Liszt.

Göteborg war damals eine Stadt von etwa 40 000 Einwohnern, mit einem Patriziat von schwedischen, deutschen, englischen Kaufleuten, die vermögend genug waren, sich musikalische Kultur zu leisten. Das war betont deutsche Musikkultur, wenn auch *antediluvianische*. Viele zugereiste deutsche Kaufmannsfamilien, die deutschjüdischen eingeschlossen, gaben den gesellschaftlich-kulturellen Ton an. Und es gehörte zum guten Ton, daß die Damen Soireen veranstalteten und die Töchter Klavier spielten. Sie lernten das jetzt bei dem jungen, glänzenden Musikus aus dem fernen Böhmen. Smetana konnte sich nicht beklagen: Seine private Musikschule, die praktisch aus einer kleinen Wohnung mit Klavier bestand, florierte sehr bald. 2 Taler kostete die Einzelstunde, 15 bis 20 Taler die Gruppenlektionen, reiche Schüler zahlten auch mehr, und in den besten späteren Göteborger Jahren verdiente Smetana nach seinen eigenen Angaben bis 12 000 Taler. *Das hätte ich in Böhmen nicht! Soviel könnte ich in Böhmen nicht verdienen!* – damit hatte er sicher recht. Im ersten Göteborger Jahr war er finanziell noch nicht so üppig gebettet. Immerhin konnte er jetzt nach Herzenslust dirigieren. Zwar war der philharmonische Verein «Harmoniska Sällskapet», der nun vokal wie orchestral Smetanas Taktstock verstand, eine Liebhabervereinigung, aber der junge Dirigent machte etwas daraus und mutete ihm viel Fortschrittliches zu. Mendelssohns Oratorien zum Beispiel, die im damaligen Göteborg zur befremdlichen Moderne zählten, in Bearbeitungen zu vier Händen gar Wagner-Ouvertüren und symphonische Dichtungen von

Göteborg

Liszt. Der Widerhall bei den konservativen Schweden war spröde, aber Smetana fand sehr bald gute Freunde: den ortsansässigen tschechischen Geiger und Organisten Joseph Čapek (Czapek), den deutschjüdischen Kaufmann J. P. Valentin, der ihm noch viel später Subsidien nach Prag schickte, den Synagogenkantor A. Nissen.

Dessen Nichte Fröjda Benecke, der angesehenen deutschjüdischen Familie Gumpert entstammend, wurde Smetanas stärkstes Liebeserlebnis in Göteborg. Eine schöne junge Frau von knapp zwanzig Jahren, musikalisch und begeisterungsfähig. Sie hatte einen kranken Mann zu Hause, Smetana eine kränkelnde Frau in der fernen Heimat Prag. Klatsch konnte in einer gesellschaftlich so kleinen Stadt wie Göteborg nicht ausbleiben. Was immer dahinter stecken mochte, im Herbst kehrte Smetana mit Kateřina und dem Töchterchen Žofie aus Prag zurück; aus der sich anbahnenden Romanze wurde eine gute Freundschaft, die sich noch in Smetanas späteren Notjahren bewährte. Es wurde keine nordische «Wesendonkiade». Kein aufwühlender «Tristan» zeugte von ihr, sondern eine virtuose Salonpolka *Ball-Vision*, mit den anagrammatischen Notenbuchstaben f-e-d-a des geliebten Namens Fröjda darin. Viel mehr brachte das kompositorisch sehr unproduktive erste Göteborger Jahr nicht.

Bedřich Smetana konnte das Saisonende kaum erwarten, um seine Lieben daheim zu besuchen. Den Vater konnte er nur noch zum Begräbnis geleiten; er war im Juni 1857 in Neustadt an der Mettau achtundsiebzigjährig gestorben, zum Schluß verarmt. Kateřina litt nach wie vor an Tuberkulose, aber sie wollte keinesfalls länger von ihrem Fritz getrennt bleiben, und so machten sich beide mit dem Töchterchen Žofie und Käthes Schwester im September 1857 auf die Reise in den Norden. Smetanas Zwischenstation in Weimar wurde eine der für seine künstlerische Entwicklung bedeutendsten Etappen seines Lebens. Liszt nahm ihn überaus herzlich und freundschaftlich auf. Smetana wohnte als Ehrengast auf der Altenburg, diesem fürstlichen Wohnsitz des Komponisten und seiner Gefährtin, der Fürstin Sayn-Wittgenstein. Man feierte damals gerade die Einweihung von Ernst Rietschels Doppeldenkmal Goethes und Schillers, viel Prominenz war in der Residenz zusammengekommen, Smetana lernte Liszt als ihren ungekrönten König kennen – und wieder zugleich als gütigen Freund. Als auf einer der Liszt-Soireen der Wiener Musiker Johann Herbeck (später Hofoperndirektor) spöttisch bemängelte, die Böhmen hätten zwar tüchtige Musikanten, «Fiedler», hervorgebracht, aber gar keine großen Komponisten, trat Liszt an den Flügel und spielte Smetanas *Six morceaux caractéristiques,* und dann wies er auf Smetana: «Hier haben Sie den Komponisten mit dem echt böhmischen Herzen, den von Gott begnadeten Künstler.» Damals legte Smetana, betroffen von Herbecks sachlich zutreffendem Vorwurf, auf dem Heimweg «tiefbewegten Herzens das feierliche Gelöbnis ab, sein ganzes Leben seinem Volke zu weihen und rastlos im Dienste der heimischen Kunst zu arbeiten», wie sich der tschechische Musikschriftsteller Václav Juda Novotný als Augenzeuge erinnert, in der späteren Rückblende wohl ein bißchen patriotisch sentimentalisierend.

Wichtig war für Smetana, daß er in den Festkonzerten Liszts Tondichtungen «Faust» und «Die Ideale» kennenlernte. *Es hieße Eulen nach Athen tragen, wollte ich von Neuem beschreiben, welche Gewalt, welchen Eindruck Ihre Musik auf mich gethan, wie ich nicht die Überzeugung – denn die hatte ich seit früherer Zeit schon – sondern die Nothwendigkeit des Fortschritts der Kunst auf d i e s e Weise, wie sie von Ihnen so groß, so wahr gelehrt wird, einsah und zu meinem Glaubensbekenntnis gemacht habe. Betrachten Sie mich als einen der eifrigsten Jünger unserer Kunstrichtung, der mit Wort und That für deren heilige Wahrheit einsteht und wirkt,* schrieb Smetana im Oktober 1858 an Liszt. Und stolz konnte er in diesem Brief auch schon auf die ersten orchestralen Früchte dieser Kunstrichtung, die als «neudeutsche» damals noch sehr umstritten war, verweisen. Im Sommer hatte er in dem südschwedischen Seebad Särö seine erste Tondichtung *Richard III.* vollendet, und er arbeitete bereits an einer zweiten, *Wallensteins Lager,* die als erster Teil einer Bühnenmusik zu Schillers Triologie geplant war. Später (im März 1861 vollendet) kam noch *Hakon Jarl* dazu. Diese Trias von symphonischen Dichtungen bildet, neben vielerlei Transkriptionen für Klavier, der lisztisch brillanten Konzert-Etüde *Am Meeresstrand* und den je zwei

Fröjda Benecke

vollreifen, hochpoetischen Polkas *Souvenir de Bohême en forme des Polkas* op. 12 und 13, die gewichtigste Ausbeute der Göteborger Jahre.

Obwohl noch keine der drei Tondichtungen zu Smetanas Meisterwerken zu zählen ist, bedeuten sie doch alle wesentliche Vorstufen zu seinem Reifestil. Dem Weimarer Liszt-Erlebnis ist die Wendung von der schumannischen Klavier-Intimität zum neuromantischen Orchester gutzuschreiben, und dieses wurde die Basis für Smetanas ganze weitere Entwicklung, auch als Opernkomponist. Von Liszt lernte er nicht nur, obwohl dies vielleicht das allerwichtigste war, das Ethos der Kunst, daß

1857

Musik nicht als unverbindliches Spiel mit Tönen, sondern als höchstpersönliche Aussage, Dichten in Tönen und Klängen aufzufassen war; von Liszts «Programm-Musik» lernte er auch, außer viel Orchestertechnischem, die schöpferische Freiheit im Umgang mit herkömmlichen Formen. Liszt selber stellte die Idee eines poetischen Vorwurfs vor die programmatische «Schilderung», und lieber wollte er jedwedes «Programm» durch unmusikable Tonrealistik preisgeben, als den musikalischen «Lebensnerv zerschneiden». Daran hielt sich auch der programmmusikalische Jünger Smetana. Schon der ganz vom Weimarer Erlebnis bestimmte *Richard III.* erfaßt vom Shakespeare-Drama lediglich die Titelgestalt, die heroisch verklärt wird; es ist im Grunde eine Symphonie in drei ineinander übergehenden Sätzen. Ein Pendant dazu bilden die Klavierskizzen zu einem *Macbeth*.

Noch klarer tritt Smetanas Formbewußtsein in *Wallensteins Lager* hervor. Immer ließ Persönliches oder, wie hier, Heimatliches die Quellen von Smetanas Inspiration sprudeln. *Wallensteins Lager* ist noch mehr als *Richard III.* eine verkappte Symphonie. Einer kurzen Introduktion folgt ein von einem Triolen-Thema (das auch später leitmotivisch abgewandelt wird) bestimmtes Vivace; sodann ein Dudelsack-Scherzo, dessen Posaunen-Melodie Schillers Kapuziner-Predigt stilisiert; das folgende Andante «malt» fast impressionistisch eine Nacht im Lager; der Final-Marsch sublimiert Landsknechtswesen zum Idealbild von etwas Heroischem. Man kann hier Vorklänge des *Blaník*, des Finales des Zyklus *Mein Vaterland*, erkennen. In *Hakon Jarl* wiederum Ahnungen des «ritterlichen» Stils der Oper *Dalibor*, des späteren tragischen Gipfelwerks, obwohl diese letzte Göteborger Tondichtung äußerlicher wirkt, im themati-

*Das Goethe-
Schiller-Denkmal
in Weimar*

schen Einfall etwas ermattet. Man merkt doch, daß sie nur als Abschieds-Huldigung an die nordische Gastheimat gedacht war und daß Nordisches (Håkon Jarl war ein Usurpator im heidnischen Norwegen), über Wagner hinaus, nicht Smetanas Sache war. Immerhin: die drei Tondichtungen, mögen sie auch bloß «neudeutsche» Einübungen sein, schärften doch Smetanas Sinn für ausgreifende, expressive Melodik, für Klangkolorit, für motivische Arbeit. Alles das hatte er, der später als «Wagnerianer» so viel zu leiden hatte, im Grunde von Liszt gelernt, und er war sich dessen zeitlebens dankbar bewußt: *Es sei hier unumwunden bekannt,* so schrieb noch der ertaubte, aber endlich bei seinen Landsleuten anerkannte Vierundfünfzigjährige, *daß ich ihm Alles zu danken habe, was ich bis jetzt zu leisten im Stande war, daß Er es war, der mir vor allem Selbstvertrauen gegeben, dann aber den einzig wahren Weg gewiesen, den ich zu besteigen habe. Seitdem – unsere persönliche Freundschaft dauert schon über 25 Jahre – ist er mein Meister, mein Muster und für alle wohl ein unerreichbares Vorbild.*[11] Alle drei Tondichtungen wurden erst später, 1862 und 1864, in Prag erstmals aufgeführt.

Bedřich Smetana war nun schon fast zwei Jahre hindurch mit seiner Familie in Göteborg, und er hätte dort auch noch das Ende der Saison 1859 zugebracht, wenn sich nicht die Krankheit seiner Frau im Frühjahr immer mehr verschlechtert hätte. Sie verließ kaum noch die Wohnung, schließlich nicht einmal das Bett. Verzweifelt ließ Smetana Käthes Mut-

Bad Särö. Zeichnung von Smetana

ter kommen, um die Kranke noch besser pflegen zu lassen. Sie war kaum mehr transportfähig; dennoch wollte sie unbedingt so schnell wie möglich in die Heimat zurück. Es wurde eine traurige Fahrt. In Dresden war Käthe so schwach, daß die Reise unterbrochen werden mußte. Es nützte nichts: . . . *Es ist vollbracht! – Käthe, mein theures, inniggeliebtes Weib ist heute früh gestorben, sanft, ohne daß wir was wußten, bis mich die Stille aufmerksam machte. Lebe wohl, Engel!* – trug Smetana am 19. April 1859 in Dresden in sein Tagebuch ein. Die Tote wurde nach Prag übergeführt, Žofie blieb in der Obhut der Großmutter.

Tief erschüttert, ruhelos fuhr Smetana in den folgenden Monaten umher. Zerstreuung bot ihm eine Reise nach Leipzig, wo die Norddeutschen zur Gründung des Allgemeinen Deutschen Musikvereins zusammenkamen; er lernte unter anderem Hans von Bülow kennen, der später sein Bewunderer wurde. Dann noch ein Besuch im jetzt stillen Weimar; Liszt ließ sich aus den schwedischen symphonischen Dichtungen vorspielen und führte das *g-moll-Trio* auf. Zum Abschied küßte er Smetana und schenkte ihm die Partitur seiner «Dante»-Tondichtung. In Soireen, an denen auch Cosima von Bülow teilnahm, diskutierte man eifrig den Weimarer Theaterskandal vom vergangenen Dezember, als Peter Cornelius' «Barbier von Bagdad» von den Konservativen ausgezischt wurde und Liszt darauf unter Protest vom herzoglichen Kapellmeisteramt zurücktrat. Smetana lernte hier eine fortschrittliche komische Oper kennen und schätzen, die ein paar Jahre später den Weg zur *Verkauften Braut* weisen sollte. Zu Hause suchte Smetana Trost bei seinen Verwandten; er besuchte seine alte Mutter, die ihre Witwentage in Nordböhmen verbrachte, den jüngeren Bruder Karl, der Revierförster in Chlomek bei Melnik war.

Ganz in der Nähe, in Obříství, wohnte Karls Schwiegervater Ferdinandi als Direktor eines landwirtschaftlichen Gutes. Smetana sah dessen Tochter Bettina, genannt Betty, wieder, er hatte sie schon als kleines Mädchen gekannt. Jetzt stand eine selbstsichere junge Dame von neunzehn Jahren vor ihm. Käthe war hübsch gewesen, Betty konnte man eine Schönheit nennen. Beim nochmaligen Wiedersehen im August wußte Smetana, daß er sich in Betty nicht nur verliebt hatte: daß er ohne sie nicht mehr leben konnte. Die Korrespondenz mit Betty verrät einiges von der stürmischen Leidenschaft, die den vereinsamten Witwer so plötzlich wie unwiderstehlich erfaßt hatte. Derselbe Überschwang wie bei seiner ersten großen Liebe zu Käthe: *Gute, gute Betty! Gnade, Barmherzigkeit für mich in meinem Elend! – Lasse mich wieder Dein schönes Antlitz sehen! . . . Ich habe keine Wünsche mehr auf dieser Welt. Sie ist mir abgestorben. Ich will nichts anderes als Todesruhe, eine Ruhe mitten im Leben, daß mit eisiger Grabeshülle zerstörtes Gemüt umhüllt werde, daß ich, wo ich so viel schon gelitten, endlich diese ersehnte Kälte im Herzen erreiche . . . 3. August 1859. Dein unglückli-*

Lamberg. Zeichnung von Smetana, 1859

cher Fritz. Nachschrift: *Angebetete! Unvergleichliche! Mein Engel, mei-ne Welt, meine Seligkeit, mein Alles!!! . . . Was habe ich denn verbro-chen, daß ich so viel leiden muß?*[12]

Tatsächlich verhielt sich Betty ihrem feurigen Freier gegenüber sehr kühl. Auch als sie ihm endlich ihr Verlobungswort gab, heuchelte sie ihm nicht Liebe vor – dies tat sie nicht einmal nach der Hochzeit und den Flitterwochen. Aber Smetana, um sechzehn Jahre älter als sie, war doch nun eine «gute Partie», ein zumindest im Ausland etablierter, hoff-nungsvoller Künstler, liebenswürdig und warmherzig. Wie er damals aussah, schilderte sein Diener Jan Rys, Honzík genannt, den er als fünfzehnjährigen Jungen nach Göteborg mitnahm: «Die schmächtige, aber feste Gestalt steckte in einer graubraunen, hemdartig zugeschnitte-nen Joppe, mit sehr weiten Ärmeln . . . Schon damals trug Smetana goldene Brillen. Das kastanienbraune Haupthaar hing ihm ‹bis auf die Schultern› und glänzte, als wären die Haare eingeölt, was sie jedoch in Wirklichkeit nicht waren . . . Der Bartwuchs bestand aus drei Gruppen: über den Lippen ein dunkelkastanienbrauner, leicht rötlicher Schnurr-bart, am Kinn ein ‹Ziegenbart› und zu beiden Seiten ‹Koteletten› . . . Die Persönlichkeit Smetanas weckte Interesse, ja, man sagt, daß Smetana sogar ‹hübsch› sein konnte, wenn er lachte. Die Anmut seines Lächelns erhöhten noch zwei Reihen schöner weißer Zähne.»

Nach der sommerlichen Verlobung setzte man die Hochzeit fürs näch-ste Jahr fest, zuvor sollte Smetana nochmals allein mit Honzík nach

Göteborg gehen. Ein trauriges Jahr: in der Wohnung wehmütige Spuren der toten Frau, und wenige Liebeszeichen von der fernen, schreibfaulen Braut. *Mein Unterrichtgeben ist in vollem Gange. Früh nach acht Uhr beginnen die privaten bis halbein Uhr, dann die Schule bis halbdrei Uhr . . . Um halbfünf Uhr fängt das Schulmeistern wieder an bis nach sieben Uhr . . . Zum Schaffen d. i. Komponieren komme ich gar nicht, es fehlt mir an der nötigen Gemütsruhe . . . Ein Brief von Dir könnte alles bewirken! Was Du wohl jetzt tun magst!!? Vielleicht alles, nur nicht denken, daß es einen Fritz auf der Welt gibt, der vor Sehnsucht nach Dir vergehen möchte . . .*[13] Mit solchen, manchmal von deutschromantischen Gedichten garnierten Liebesbriefen umwarb Smetana seine Braut. Ein ganz andersgearteter Brief hebt sich bedeutsam aus Smetanas Korrespondenz heraus. Es ist der vom 11. März 1860 an seinen früheren Schüler Dr. Ludevít Procházka: der erste Brief, den Smetana (außerhalb

Das Trio in g-moll

der Familie) überhaupt auf tschechisch schrieb (ein tschechischer Reisebericht an die Eltern war vorangegangen), ein für Smetanas Nationalgefühl wie für die kulturpolitische Situation jener Zeit überhaupt bemerkenswertes Dokument. *Zunächst bitte ich Sie,* schrieb Smetana auf tschechisch, *alle orthographischen und grammatikalischen Fehler zu entschuldigen, die sich in meinem Brief vorfinden werden; es war mir bis zum heutigen Tage nicht gegönnt, mich in meiner Muttersprache zu vervollkommnen . . . so daß ich tschechisch weder ordentlich zu sprechen noch zu schreiben vermag. Doch brauche ich vielleicht nicht zu versichern, daß ich mit Leib und Seele Tscheche und stolz darauf bin, mich einen Sohn unserer ruhmreichen Nation nennen zu dürfen. Deshalb schäme ich mich auch nicht, Ihnen in meiner Muttersprache, wenn auch fehlerhaft, zu antworten, und nehme mit Freuden die Gelegenheit wahr, Ihnen zu bezeugen, daß mir die Heimat über alles geht . . .*[14] Aber sein Tagebuch, sein intimstes Privatissimum also, führte Smetana dennoch auf deutsch, auch noch nach der Wiederaufnahme im Jahre 1862, und auf deutsch schrieb er auch seine leidenschaftlichen Liebesbriefe an Käthe und Betty.

Dem munteren Jüngling Honzík, der Smetana im Göteborger Haushalt zur Hand ging, verdanken wir einen Einblick in eine andere, die religiöse Intimsphäre des Komponisten. Dieser äußerte sich kaum je darüber. Honzík erinnerte sich, daß Smetana an einsamen häuslichen Abenden ihn schonend «von der religiösen Furcht befreite», nämlich von der vor Hölle und Himmel, die es beide nicht gebe. «Aber wiewohl er Kirchen niemals besuchte, war Smetana dennoch kein Atheist und rügte streng jede Art von Gotteslästerung.» Betty muß sich in den späteren Jahren von Smetanas Taubheit und Vereinsamung wenigstens darin gut mit ihrem Gatten verstanden haben; im Dörfchen Jabkenice, wo jedermann am Sonntag in die Kirche zu gehen pflegte, blieb sie stets zu Hause.

Im Mai 1860 kehrte Smetana wiederum heim, am 10. Juli wurde in Obřístí Hochzeit gefeiert, mit einem überglücklichen, übermütig tanzenden Bräutigam und einer gelassen in die Zukunft blickenden Braut. Betty, deutsch erzogen, auch auf deutsch gelegentlich dichtend, eine begabte Sängerin und fast professionell versierte Zeichnerin und Malerin, dazu ein Naturtalent im Schach, übertraf Käthe – der Vergleich konnte gar nicht ausbleiben – in fast allen Tugenden einer gebildeten «höheren Tochter»: außer in der Herzenswärme. Sie war ehrlich genug, ihrem Gatten nichts vorzumachen, und anständig genug, ihrer Stieftochter Žofie eine gute, kameradschaftliche Mutter zu sein. Eigene Kinder kamen bald dazu, 1861 Zdeňka, 1863 Božena. Aber zunächst ging sie nach Göteborg mit – nicht ohne vorher die energische Bedingung gestellt zu haben, daß sie nur so lange dort bleiben wolle, als es ihr gefiele. Die schöne neue Smetana-Gattin hatte großen Erfolg in den Göteborger Salons, aber an ein Wurzelschlagen in Schweden dachten weder sie noch

Mit seiner zweiten Frau Bettina (Betty), geb. Ferdinandi

er. Smetana ließ sich in diesem letzten Göteborger Jahr die Prager deutsche Tageszeitung «Bohemia» nachschicken, nahm lebhaft an den kulturellen Veränderungen teil, die sich in seiner Heimat nach dem Wiener Oktober-Diplom von 1860 anbahnten, und als er erfuhr, daß endlich ein tschechisches Theater in Prag gegründet werden sollte und ein Preisausschreiben eine neue tschechische Oper suchte, wuchs sein Heimweh zugleich mit ehrgeizigen, wenn auch ganz vagen Plänen:
... *ich kann mich in Göteborg nicht vergraben; ich muß mich bemühen, daß meine Kompositionen veröffentlicht werden und mir Gelegenheit zu neuer Tätigkeit und der Anreiz zu umfangreicherer Arbeit gegeben wird. Deshalb nur in die weite Welt und das so bald wie möglich! Meine Betty freut sich, daß sie wieder in der Heimat leben wird, und ich auch.*[15]

Die Heimreise war beschlossen, das pianistische Abschiedskonzert in Göteborg mit Blumen des Dankes gekrönt. Eine Schweden-Tournee sollte Startkapital für Prag einspielen, brachte aber im Ganzen nichts, obwohl zwei Abende in Stockholm, als damals übliche Zwischenaktmusik im Opernhaus, künstlerische Erfolge waren. So oder so: man fuhr der Heimat entgegen, machte in Kopenhagen Zwischenstation, um den Symphoniker und romantischen Gesinnungsgenossen Niels Gade zu besuchen. Als Zwischenstation, als Gesellenjahre erwiesen sich nachträglich die ganzen viereinhalb Göteborger Jahre Smetanas. In Prag, wo er am 19. Mai 1861 abends eintraf, begann der entscheidende Weg des Meisters.

NEUBEGINN IN PRAG

Ein halbvergessener, nur als Pianist überhaupt bekannter Musiker kehrte da heim. Doch das wollte Smetana künftig nicht mehr sein; er strebte danach, Komponist zu werden. Zur bevorstehenden Gründung eines tschechischen Theaters wollte er durch eigene Werke, tschechische Opern, beitragen. Das war Zukunftsmusik, und auch seine Bemühungen um irgendeine Mitarbeit als Dramaturg oder Kapellmeister stießen bei František Ladislav Rieger, dem damals maßgebenden Politiker und späteren Intendanten des Interimstheaters, auf taube Ohren. Man kannte ja den Dirigenten Smetana noch kaum – Göteborg lag fern. Als er im Januar 1862 im Sophiensaal ein Orchesterkonzert dirigierte, mit *Richard III.* und *Wallensteins Lager* als zwiespältig aufgenommenen Novitäten, fand er nur wenig Publikum: ... *was war das für eine Kälte und der Saal leer ... ich war genötigt, 208 Gulden darauf zu zahlen. Das war mein erster Erfolg in Prag.*[16] Die deutsche Zeitung «Bohemia» fand, Smetana habe «Liszt überlisztet», die tschechischen Kritiker zeigten sich wohlwollender. Aber auch das folgende Solo-Konzert des Pianisten Smetana brachte nur ein paar Gulden ein. Eine vorangegangene Konzerttournee

Das Konzerthaus auf der Prager Sophieninsel

durchs Rheinland und Holland endete gar mit einem Defizit. Es traf Smetana um so schlimmer, als er in Prag zunächst nur wenige Schüler fand und noch lange von seinen Göteborger Ersparnissen leben mußte. Um sie aufzubessern, folgte er im März 1862 einer Einladung schwedischer Freunde und fuhr nochmals, zum fünften- und letztenmal, in den hohen Norden, gab zwei erfolgreiche Konzerte in Göteborg und kehrte mit rund 1000 Schwedentalern Gewinn zurück.

Er sah sich gezwungen, seinen Lebensunterhalt wieder als Klavierpädagoge zu bestreiten, was für ihn nur Brotarbeit war. Im August 1863 eröffnete er, im repräsentativen Palais Lažanský am Moldaukai, wohin er auch mit seiner Familie übersiedelte, seine zweite private Musikschule – diesmal gemeinsam mit einem Partner, dem Geiger und Chordirigenten Ferdinand Heller, der ihm viel Arbeit abnahm. Smetana war jetzt ganz mit dem Komponieren beschäftigt, auch wenn er die fetten Happen der Vorspiel-Tätigkeit beim greisen Ex-Kaiser Ferdinand auf dem Hradschin nebenbei mitnahm. Er komponierte auf gut Glück, ohne Auftrag, aber mit einer Begeisterung, die durch die Wende der politischen Lage genährt wurde. Die militärische Katastrophe der Schlacht von Solferino hatte Habsburg zu einer Lockerung des absolutistischen Regimes veranlaßt. Das sogenannte Oktober-Diplom von 1860 stellte die Verfassung wieder her und übertrug den Länderparlamenten, auch dem böhmischen, be-

1863

grenzte Gesetzgebungsrechte. Eine Welle national-tschechischer Aktivi-
täten war die Folge. Sie wurde zwar durch Zickzack-Kurse der Wiener
Politik mehrfach gedämpft, war aber nicht mehr aufzuhalten. Die sechziger Jahre wurden das entscheidende Jahrzehnt der bis dahin mehr ideel-
len tschechischen Wiedergeburt. Eine wahre Gründerzeit. Der Gesangs-
verein «Hlahol» entstand 1861; ein Jahr später feierte man bereits, unter
Massenteilnahme, das erste tschechische Sängerfest. Der Turnverband
«Sokol» folgte bald, eine noch breitere Schichten mobilisierende Volks-
bewegung. Die, wie Smetana sie nannte, *bürgerliche Ressource namens
Měšťanská beseda* war noch ziemlich utraquistisch, aber schon die dank
seiner Initiative gegründete «Umělecká beseda» (Künstler-Verein) ver-
stand sich vornehmlich und zunehmend als tschechische Vereinigung.
Der versöhnlerische deutsche «Bohemismus» verfiel der nationalen
Spaltung; auch die Prager Deutschen gründeten nun einen eigenen
Turnverband, einen eigenen Kasino-Verein.

Aber die Tschechen selber spalteten sich ab 1863 in zwei politische Parteien, die später «Alt-Tschechen» und «Jung-Tschechen» genannt wurden. Smetana charakterisierte sie, als er, ein Jung-Tscheche, mitten im kulturpolitischen Kampf stand, vereinfachend, aber im ganzen zutreffend so: die einen seien *feudal-klerikal*, die anderen *freidenkend*; jene hätten mehr Geld und Vermögen, diese hingegen mehr Literaten, Journalisten und Künstler auf ihrer Seite. Kurzum: hier Fortschritt, dort Rückständigkeit. Einflußreicher Führer der Alt-Tschechen, die nationale Fortschritte in enger Zusammenarbeit mit der Kirche und dem Adel anstrebten, war der Politiker Dr. František Ladislav Rieger (1818–1903), der Schwiegersohn des gleichgesinnten, als «Vater der tschechischen Geschichte» bekannten Historikers František Palacký (1798–1876). Die jungtschechische, demokratische und liberalere Gruppe, die sich mit der Gründung der Zeitung «Národní listy» absonderte, fand in den Publizisten Julius Grégr und Karel Sladkovský ihre maßgebende politische, im Dichter Jan Neruda (1834–91) ihre kulturpolitische, in Smetana schließlich ihre musikalische Stimme. Mit Rieger überwarf sich Smetana bei einer Diskussion über die kommende tschechische Oper. Wie die meisten Alt-Tschechen stellte sich Rieger ihren nationalen Charakter als eine Art von Potpourri volkstümlicher Melodien vor, eine Ansicht, die musikalisch auf den naiven Theorien des Volksliedweckers František Ladislav Čelakovský fußte. Smetana verteidigte seine durch das Studium Liszts und Wagners gewonnenen fortschrittlichen Opernanschauungen, ein Wort gab das andere, bis Smetana endlich brüsk erklärte, davon verstehe Rieger nichts. Ein Affront, der ihn von der ersehnten Kapellmeisterstelle am Interimstheater noch weiter entfernte – denn Rieger war damals dessen Intendant.

Dieses erste tschechische Theater wurde am 18. Oktober 1862 eröffnet. Es stand wenige Meter weiter stromaufwärts dort, wo sich heute das Nationaltheater erhebt und war ein viel bescheidenerer Bau, mit einem kleinen Orchestergraben und drei eher intimen renaissancistischen Logenrängen. Noch nicht die Erfüllung tschechischer Theaterträume, sondern ein Provisorium, «Königlich böhmisches Landes-Interimstheater» (Prozatímní divadlo) genannt. Aber man war doch nun, während im deutschen Ständetheater nur tageweise und nachmittags tschechische Aufführungen stattfanden, endlich in einem eigenen Haus, wo tschechisch gesprochen und gesungen wurde, wenn auch unter deutscher Direktion und teilweise mit deutschen Sängern und Musikern. Für die politische Bewegung der tschechischen Wiedergeburt bedeutete das Theater ungleich mehr als etwa die Hof- und Stadttheater für das deutsche Publikum. Schon das Programm des Gründungskomitees von 1850 hatte nationalpathetische, sichtlich von Schillers «moralischer Anstalt» beeinflußte Töne angeschlagen: «Eine tschechische Bühne, das ist das, was unsere Nation braucht . . . Ein solcher Tempel Thalias . . . wo

Das Interimstheater

sich höhere Macht stets durch den Sieg der Wahrheit und des Rechtes bezeugt . . . So ein Tempel ist zweifellos die wirksamste Schule des Lebens.»

Die Vorstufen zu diesem tschechischen Tempel waren nicht ermutigend gewesen. Ein bohemistischer Prager Deutscher, August Stöger, hatte schon in der Biedermeierzeit in seinem privaten Neuen Theater in der Altstädter Rosengasse tschechischsprachige Aufführungen versucht, war aber an mangelndem Publikumsinteresse und mangelnden tschechischen Sängern gescheitert – er fand nicht einmal einen brauchbaren Operntenor. 1849 eröffnete der Theaterdirektor Johann Hoffmann im Pštross-Garten ein «Arena» genanntes Theater, fand aber wiederum nicht genug Interessenten für tschechische Vorstellungen. Zehn Jahre später war das Neustädter Theater, ein Privatunternehmen vor dem Roßtor (in der Nähe des heutigen Museums am Wenzelsplatz) für tschechische Aufführungen bereit, aber nach der großen Schiller-Feier im Jubiläumsjahr 1859 boykottierten die Tschechen das für Prager Verhältnisse riesige, von dem Deutschen Franz Thomé geleitete Haus. So hatten sich die beiden Völker Böhmens bereits auseinandergelebt. Für die Tschechen kam nur noch ein eigenes, ein Nationaltheater, in Frage.

In diesem Theater als Dirigent zu wirken war Smetanas Ziel. Zunächst konnte er sich ihm nur auf Umwegen nähern, indem er sich als Komponist ins Gespräch brachte. Die beiden Chöre, die er 1862 und 1863 schrieb, und die jeweils ein Jahr später vom «Hlahol» aufgeführt wurden, genossen die Popularität dieses großen Gesangsvereins und zeugen von dem patriotischen Geist jener Jahre. Schon während des Sommeraufenthalts 1860 bei Melnik hatte Smetana ein vaterländisches Gedicht vertont, *Česká píseň* [Böhmens Lied]; viel später erst gab er ihm die Endgestalt. Der Männerchor *Tři jezdci* [Drei Reiter], textiert von J. V. Jahn nach Nikolaus Lenau, bezeugt Smetanas Zuwendung zum kämpferischen Hussitentum. Die titelgebenden drei Reiter bringen aus Konstanz Kunde nach Böhmen: vom Grabe des als Ketzer verbrannten Jan Hus, aus dessen

Der Zuschauerraum

Das Neustädter Theater

Asche «eine wilde Flamme auflodert und die Sklaven zum Kampf auf-
ruft». Ein dreiteiliger, balladesker, modulationsreicher Chor. Der Män-
ner-Doppelchor *Odrodilec* [Der Abtrünnige], dessen von Čelakovský
übertragene Verse des ukrainischen Dichters Amvrosij L. Metlinskij den
verdammen und verhöhnen, der «dich, teure Heimat, nicht schätzt»,
wird von Smetana mit dramatischen Akzenten auf das Wort «Stirb!»
versehen und verarbeitet Polka-Rhythmen für die Verspottung des Ver-
räters.

Bedřich Smetana war vorübergehend Leiter des Hlahol-Chors, aber
wichtiger wurden die Impulse, die er dem instrumentalen Konzertleben
gab. Zwar fanden alljährlich mehrere Aufführungen des Konservatori-
ums-Orchesters unter Johann Friedrich Kittl und, von 1840 bis 1865, des
Cäcilien-Vereins unter Anton Apt statt, die durchaus fortschrittlich
waren und sogar Szenen aus dem «Lohengrin» wagten. Aber das waren
eben deutsche Konzerte. 1862 rief Smetana zu eigenen tschechischen
Abonnementskonzerten auf: *Die Programme werden Meisterwerke unserer Tonheroen von welcher Nation immer enthalten, jedoch werden
Werke slawischer Komponisten besonders berücksichtigt . . . Als Tscheche arrangiere ich tschechische Konzerte. Es wird uns Tschechen doch
erlaubt sein, unsere eigenen Konzerte haben zu dürfen.*[17] Als Leiter der
Musiksektion des Künstler-Vereins verwirklichte Smetana diesen Plan
schließlich in drei Abonnementskonzerten mit beiden, dem tschechischen und dem deutschen, Opernorchestern im Dezember 1864 und im
März und Mai des folgenden Jahres im Sophiensaal. Mit Erfolg dirigierte
er klassische und romantische Werke (u. a. Ausschnitte aus seiner ent-

58

stehenden Oper *Die Brandenburger in Böhmen*), im Akademischen Leserverein auch seinen *Hakon Jarl*. Als Theaterkapellmeister baute er später diese neue Konzertreihe aus.

Das Theater, die Oper! Neuland für Smetana, aber ein übermächtig lockendes. Die Nachricht von einem Opern-Preisausschreiben des Grafen Harrach, die er noch in Göteborg erhalten hatte, war für seinen Entschluß, in die Heimat zurückzukehren, mitentscheidend gewesen. Sogleich bemühte er sich um ein Libretto. Absagen kamen von dem Dramatiker J. J. Kolár und dem Novellisten Jan Neruda (der sein Freund und literarischer Herold wurde), aber es ergab sich die Vermittlung eines Libretto-Willigen, des Schriftstellers Karel Sabina. Er wurde Smetanas erster Textpartner – der Komponist sollte zeitlebens keinen besseren finden, auch nie mehr ein Libretto, das sich mit dem der *Verkauften Braut* messen konnte. Das zu den *Brandenburgern in Böhmen* warf Sabina binnen weniger Wochen aufs Papier. Smetana vertonte es vom Sommer 1862 bis zum Frühjahr 1863 und reichte es unter dem Motto *Die Musik – die Sprache des Gefühles, das Wort – die Sprache des Gedankens* den Preisrichtern des Harrachschen Wettbewerbs ein.

Karel Sabina (1813–77) entstammte ärmlichstem Prager Kleinbürgertum. Er begann als Romantiker, engagierte sich allezeit für die sozial Schwächeren und künstlerisch für das, was um die Jahrhundertmitte als fortschrittlich galt. So auch für die Entdeckung des damals noch verkannten Begründers tschechischer romantischer Poesie Karel Hynek Mácha, für die Verwurzelung des Künstlers in seinem Volk, was er aber nicht als bloßes Haften an «nationalen Formeln» verstanden wissen wollte. Smetana konnte ihm darin nur zustimmen. Der um elf Jahre ältere Dichter fügte sich bereitwillig den dramaturgischen Wünschen des Komponisten, und so verlief beider Zusammenarbeit gleichgestimmt. Sie brach jäh und absurd ab. Der Mitschöpfer des größten dramatischen Kunstwerkes der Tschechen, der *Verkauften Braut*, wurde 1872 als k. u. k. Polizeispitzel feierlich «aus der Nation ausgestoßen». Es war herausgekommen, daß Sabina geheime Berichte über die Verhältnisse im Tschechentum an den österreichischen Polizeipräfekten geliefert hatte. Heute weiß man, daß das nichts bedeuten konnte, weil Sabina, ein kleiner Mann, ja gar nichts politisch Wichtiges wußte; sicher hatte er sich nur aus drückender Not auf die Sache eingelassen, die er wohl eher schwejkisch-eulenspiegelhaft auffaßte.[18] Immerhin, er wurde künftig von allen Verlegern boykottiert, verdiente sein Brot durch kümmerlichste, pseudonyme Gelegenheitsarbeiten und starb in Prag vergessen und im Elend. Sein Name blieb lange Zeit von den Programmzetteln der *Verkauften Braut* verbannt.

Smetanas *Braniboři v Čechách* (*Die Brandenburger in Böhmen*) sind ein seltsamer Erstling. Zwar die schwächste, selbst bei den Tschechen weitaus am seltensten aufgeführte Smetana-Oper, aber doch eine, die bereits «den ganzen Smetana» sozusagen im Keime, im Umriß enthält, ungleich klarer und deutlicher als die Erstlinge etwa von Mozart, Weber, Wagner oder Verdi. Der Wettbewerb des Grafen Harrach hatte für die «wahrhaft nationale» neue Oper zur Auflage gemacht, daß sie «eine historische Grundlage aus der Geschichte der böhmischen Krone» oder, wenn heiteren Inhalts, dem «tschechisch-slawischen Volksleben» entnommen sei. Smetana und Sabina einigten sich auf einen böhmischen Stoff aus dem 13. Jahrhundert. Die Oper spielt in der Zeit nach dem Sturz Přemysl Otakars II. durch Rudolf von Habsburg, als in den Thronwirren Böhmen von Otto III. von Brandenburg und seinen Truppen vorübergehend beherrscht wurde. Vor diesem Hintergrund läßt Sabina eine romantisch-heroische Rittergeschichte abrollen: die drei Töchter des Prager Bürgermeisters werden entführt, von einem mit den Brandenburgern paktierenden Prager Deutschen namens Tausendmark drangsaliert und schließlich befreit – so wie das ganze Land von den Fremden. Die «richtigen» Liebenden finden sich am Ende, der Schurke muß flüchten. Das ist alles mit kindlicher Dramaturgie – gleich dreimal, hin und her, geht die Entführung – und mit unfreiwillig komischen Versen librettisiert – und mit großem, patriotischem Pathos. «Ich aber sage: wir dürfen hier nicht länger fremde Truppen dulden», lauten schon die allerersten Worte der Oper. Später brechen die empörten Böhmen aus: «Zur Rache erhebe dich, böhmischer Löwe!» Der Prager Deutsche, der Mädchen-Entführer, muß sich sogar von dem brandenburgischen Hauptmann verächtlich machen lassen: «Nicht einmal Tausende Fremde schaden dem böhmischen Lande so viel wie so ein Verräter!», und im letzten Finale jubelt der Chor: «Es leben die Beschützer des Vaterlandes!» Die so gerühmten Helden der Oper haben sich aber auf der Bühne gar nicht so heroisch benommen, sondern sich mehr um die entführten drei Bürgermeisterstöchter als ums Vaterland gekümmert, und am Ende gingen ja die bösen Brandenburger, dies erfährt man mit objektiver Deutlichkeit, freiwillig wieder nach Norden. Immerhin, so konfus und dilettantisch das Libretto auch gebaut ist, man muß sich in die Stimmung tschechischer Patrioten von damals versetzen, um zu ermessen, welch begeisterten Widerhall ein solcher Stoff zu erwecken vermochte.[19] Bei der Premiere noch bei allen tschechischen Theaterfreunden, auch den Alt-Tschechen. Ihnen freilich, den Wohlhabenden, muß es wenig angenehm in den Ohren geklungen haben, daß Smetana und Sabina den Vagabunden und Prager Bettlerkönig Jíra zur einzig wirklich mutigen und interessanten Figur der Oper machten und seine proletarische Gefolgschaft mit den Worten: «Wir sind nicht länger Bettler, unsere Stunde ist gekommen!», die Häuser reicher Prager Patrizier plündern ließen. Da werden sozial-revolutionäre Töne angeschlagen, wie man sie nie wieder bei Smetana hören sollte.

Formal ist Smetanas Erstlingsoper fortschrittlicher im Sinne der neu-

Smetanas
Librettist
Karel Sabina

deutschen Ästhetik als *Die verkaufte Braut*. Die alte «Nummernoper» ist bereits aufgegeben, 28 sogenannte «Auftritte» gliedern die drei Akte, ein orchesterbegleitetes Rezitativ beherrscht die einzelnen Szenen, in die ariose Gesänge und, vor allem, viele Chöre eingebettet sind. Der Chor ist keineswegs bloße dekorative Opernstaffage, er nimmt lebhaft an der Handlung teil. Am originellsten in der Bettlerszene des Jíra im ersten Akt, die von einem wuchtigen a-cappella-Chor gekrönt wird. Charakteristische Smetana-Wendungen finden sich bereits: so die parallelen Sexten im Liebesduett (sie werden in dem der *Verkauften Braut* wiederkehren), so besonders auch die rhythmisierte Folge G-A-B, die später, in *Dalibor*, zur Keimzelle der ganzen Partitur wird, hier jedoch (vor dem Duett Ludiše–Tausendmark, erster Akt, bereits im Orchester markant intoniert) ohne weitere Folgen bleibt. Kurz, aber ausdrucksstark sind die Orchesterzwischenspiele. Das zu Beginn des dritten Auftritts entfaltet eine mehrstimmige Chromatik, die geradezu an «Tristan und Isolde» erinnert.

Smetana mißachtete, seiner Überzeugung getreu, die «erste und Haupt-Forderung» des Harrachschen Preisausschreibens, wonach Musik und Gesang auf «volkstümlichen tschechisch-slawischen Weisen» beruhen sollte; so ein simples Marschliedchen singt ausgerechnet der brandenburgische Hauptmann (8. Auftritt), aber dergleichen bleibt Ausnahme in der szenisch durchkomponierten Partitur. In der tschechischen Oper gab es dafür kein Vorbild für Smetana, *Die Brandenburger in Böhmen* waren ein völliges Novum. Natürlich hatte Smetana seinen Wagner gut studiert, vom «Musikdrama» aber nur übernommen, was ihm für eine junge tschechische Oper tauglich schien. Der mit ihm befreundete Schriftsteller V. V. Zelený berichtet, Smetana habe zur Komposition der *Brandenburger* rückblickend gesagt: *Wagners Richtung war freilich schon damals da, aber ich wußte, daß ich damit nicht anfangen durfte, wollte ich mir nicht den Weg für immer verbauen.*[20]

Diesen Weg sah er, so kompromißlerisch er sich in seiner ersten Oper gab, bereits klar vor sich. Als Mitarbeiter der «Národní listy» schrieb er im Jahre 1864, als *Die Brandenburger in Böhmen* noch nicht aufgeführt waren, mehrere Artikel über Gegenwart und Zukunft der tschechischen Oper. *Ein nationales, gutes Singspiel*[21] sollte es sein, und zwar *entschieden gut, damit es national sei.* Qualität, und das hieß für Smetana immer: Qualität auf der Höhe der Zeit, war also die Grundforderung. *Opern dürfen keine musikalische Produktionen sein, wo man nur singt, damit gesungen wird . . . wo der Taktstock die Hauptsache ist. Opern müssen zu einem Drama emporgehoben werden, bei dem wir die äußerliche Maschinerie der Leitung vergessen.*[22] Überhaupt setzte sich Smetana in den Jahren zwischen 1858 und 1865, in denen er als Musikkritiker wirkte, unermüdlich für seine ästhetischen Ideale ein: gegen die damalige Vorherrschaft der italienischen und französischen Oper gegenüber der deutschen – von Gluck und Mozart an, die man ja in Prag auf deutsch spielte –, gegen jedwede Degradierung des Theaters zum Amüsement (besonders empörte ihn, daß ein einbeiniger spanischer Tänzer in den Zwischenakten ernstester Opern auftreten konnte, und das unter dem Jubel des Publikums!), gegen die Vernachlässigung des noch bescheidenen Bestandes an tschechischen Singspielen.

Solche Kritik machte die Verantwortlichen des Interimstheaters, den Direktor Liegert und den erzkonservativen Kapellmeister Jan Maýr (Johann Mayr) nicht geneigter, *Die Brandenburger in Böhmen*, die ihnen schon auf dem Papier befremdlich wagnerisch erscheinen mochten, im Interimstheater aufzuführen. Smetana ließ nicht locker, holte sich im Sommer 1865 Rat und Trost bei Liszt in Budapest, wo er sich wieder herzlich empfangen sah, und erlebte schließlich doch die Freude, daß seine Oper endlich angenommen wurde. Maýr verweigerte das Dirigat, es wurde Smetana selber übertragen, nachdem Franz Thomé (übrigens ein deutscher Österreicher) zum neuen Direktor ernannt worden war. Maýr machte dem unerfahrenen Kapellmeistergast bürokratische Schwierigkeiten bei den Proben, aber Smetana gewann seine anfänglich widerwilligen Sänger und Musiker bald durch geistige Überzeugungskraft und persönlichen Charme für sich. Als die mit Maýr befreundete Lokalprimadonna Eleonore Gayer von Ehrenberg, eine Deutsche, ihre Hauptrolle indigniert zurückgab, weil sie «nicht eine einzige Note Koloratur» enthalte, quittierte Smetana dies gelassen: *Für mich existiert keine Koloratur-Primadonna und dergleichen Titel; ich verlange einen dramatischen Künstler und weiter nichts!* Frl. von Ehrenberg ist dennoch in die Operngeschichte eingegangen: als Smetanas allererste Mařenka und Jitka (in *Dalibor*).

Im Dezember 1865 begann Smetana mit den Proben, am 5. Januar 1866 hatten *Die Brandenburger in Böhmen* Premiere im Interimstheater. Es wurde ein rauschender Publikumserfolg. Den Erfolg bestätigte auch die Prager Kritik, obwohl sich bereits Schattierungen, je nach alt- oder neutschechischer Orientierung, abzeichneten. Die Schwächen des Librettos wurden damals schon erkannt. František Pivoda, der in der deutschsprachigen «Politik» rezensierte, rühmte Smetanas Musik: «Smetana ist berufen, mit seinen Arbeiten den Grundstein des Gebäudes zu legen, das einmal als ‹tschechische Oper› bekannt werden wird.» Seherische Worte – niemand konnte damals ahnen, wie blind und unversöhnlich Pivoda wenige Jahre später schon eben diese junge tschechische Oper Smetanas bekämpfen und dem Komponisten das Leben sauer machen sollte.

Nach dem Premierentriumph zögerte auch die Kommission des Harrachschen Opernpreises nicht mehr länger und billigte ihn endlich im März 1866, wenn auch mit Einschränkungen, Smetana zu. Und noch eine wichtige Folge: jetzt war auch Smetanas zweite Oper, die seit einem Jahr fertig in der Schublade lag, für den Theaterdirektor interessant geworden. Franz Thomé sicherte sich sogleich die Aufführungsrechte der *Verkauften Braut*, zuerst noch für das von ihm gleichzeitig mit dem Interimstheater geleitete Neustädter Theater.

«DIE VERKAUFTE BRAUT»

Die zweite Vorstellung war nicht besser besucht, und so mußte mir der arme Direktor Thomé aus seiner eigenen Tasche zwei Hunderter auszahlen, die er mir in der Kanzlei, niedergeschlagen beim Tisch sitzend, auch mit den Worten übergab: «Mit der Prothána ist nichts. Sie werden mir den größten Gefallen thun, wenn Sie den Kontrakt über die Aufführungen dieser Oper lösen, denn sonst muß ich die 600 Fl. aus eigener Tasche zahlen!» Ich tat, was er verlangte, denn kontraktlich hätten jene sechs Vorstellungen noch im Verlauf dieser Saison gespielt werden müssen.[23]

So deprimierend und traurig begann die Laufbahn von Smetanas Meisterwerk, einer der fröhlichsten, vollkommensten und bis heute meistgespielten Buffo-Opern, die je geschrieben wurden.[24] Und so trügerisch können Uraufführungen verlaufen: *Die Brandenburger in Böhmen*, jubelnd aufgenommen, verschwanden bald vom Spielplan; *Die verkaufte Braut*, bei der Premiere am 30. Mai 1866 im Interimstheater vor halbleerem Haus gespielt und nur mäßig beklatscht, eroberte sehr bald und sehr stetig ihr Publikum, zu Smetanas Lebzeiten freilich nur das tschechische. An der Premieren-Pleite waren ausschließlich äußerliche Gründe schuld. Der Krieg warf seine Schatten bereits über Prag, die Preußen marschierten auf Königgrätz zu, und den Pragern stand nicht der Sinn nach einer heiteren Oper. Wenige Wochen später befand sich Smetana unter den von Panik Erfaßten, die den Sonderzug auf dem Vorstadtbahnhof in Smichow stürmten, um vor den Preußen aus der Hauptstadt zu flüchten. Die «wirklichen Brandenburger» hatten die Schlacht bei Königgrätz gewonnen, und Smetana, der mit dem Herzen auf der österreichischen Seite war, glaubte in der damaligen Verwirrung: *Wenn die Preußen erfahren, daß ich der Autor der «Brandenburger» bin, lassen sie mich vielleicht erschießen . . .*[25]

Weder Smetana noch Sabina waren sich bewußt, welch ein solitäres Meisterwerk ihnen mit der *Verkauften Braut* gelungen war. Sabina meinte nach der Aufführung, wenn er geahnt hätte, was Smetana aus «dieser meiner Operette» machen werde, hätte er sich mehr Mühe gegeben und ein besseres und inhaltvolleres Libretto geschrieben, und der Komponist sprach noch zwanzig Jahre später von der *Verkauften Braut* fast abschätzig. Auf dem Festbankett anläßlich der 100. Aufführung im Mai 1882 sagte er: «*Die verkaufte Braut» ist, meine Herren, eigentlich nur eine Spielerei, die ich mir dereinst erlaubt habe. Ich komponierte sie nicht aus Ehrgeiz, sondern aus Trotz, weil mir nach meinen «Brandenburgern» vorgeworfen wurde, daß ich Wagnerianer sei und im nationalen, leichteren Stil nichts fertigbringen würde. Daraufhin lief ich unverzüglich zu Sabina, um ihn um ein Libretto zu bitten, und schrieb «Die verkaufte Braut» nach meiner damaligen Meinung so, daß sich nicht einmal Offenbach mit ihr messen konnte.*[26] Hier läßt die Erinnerung Smetana ein wenig im Stich: nicht erst nach den *Brandenburgern*, die kurz vor der *Verkauften Braut* auf die Bühne kamen, sondern schon fast zwei Jahre früher regte er Sabina zu einem neuen Libretto an; die Vorwürfe des Wagnerismus können also nicht entscheidend gewesen sein. Aber Smetanas Unterschätzung der *Verkauften Braut* bestätigt auch sein Schüler Servác Heller: «Smetana war von der *Verkauften Braut* gar nicht so eingenommen. Er hing mehr an anderen seiner Opern, vor allem an *Dalibor*.» Anläßlich jener 100. Aufführung habe Smetana ihm «quasi unter vier Augen» gesagt: *Falls Sie glauben, mir eine besondere Freude zu machen, wenn Sie die «Verkaufte Braut» so in den Himmel heben, irren Sie. Wenn ich Sie so reden höre, will es mir scheinen, daß Sie für meine anderen und besseren Opern kein Verständnis haben. Meine Kraft und Freude liegt ganz woanders.* Und ein andermal sagte Smetana zu Servác Heller: *Wenn ich die «Verkaufte Braut» übermäßig loben höre, habe ich den Eindruck, als ob die Leute meine übrigen Opern schmähen würden.*[27]

Genies sind nicht verpflichtet, sich selbst am besten zu kennen. Tatsächlich hatte Smetana keinerlei erhabene Ambitionen, als er sich an Sabinas Libretto machte – und dieser schon gar nicht. Was noch jahrelang von Smetana und seinen Freunden als «Operette» bezeichnet wurde, hatte Sabina, besonders leichthändig arbeitend, gar als einaktige Posse gedacht; erst unter Smetanas aktiver dramaturgischer Mitarbeit wurden wenigstens zwei Operetten-Akte daraus. Sabina verwertete eine eigene Erzählung «Der ewige Bräutigam» – hier findet sich bereits die Figur des Heiratsvermittlers! –; ein damals aufgeführtes Lustspiel von A. Wehl namens «Ženich provdá svou nevěstu» [Der Bräutigam verheiratet seine Braut] regte Smetana zum endgültigen Titel an. Die Handlung spielt in einem böhmischen Dorf. Die Bauernkinder Mařenka (Marie) und Jeník (Hans) lieben einander, aber sie sind nach dem Willen der Eltern nicht füreinander bestimmt. Der Heiratsvermittler Kecal soll Bauer Mícha's Sohn, den einfältigen Vašek (Wenzel), der Marie schmackhaft machen,

Theaterzettel zur Premiere von «Die verkaufte Braut»

aber sie will ihn nicht; der mittellose Jeník nützt die Verlegenheit Kecals durch eine List aus: scheinbar verzichtet er für 300 Gulden auf Mařenka und «verkauft seine Braut», aber nur unter der Bedingung, daß sie kein anderer bekommt als Míchas Sohn. Zum Schluß, nach allerlei Verwirrung und Tränen, stellt sich heraus, daß Jeník selber ein – verstorben geglaubter – Sohn Míchas ist. Der überschlaue Kecal ist blamiert, die schlaue Liebe hat gesiegt.

Karel Sabina ist hier ein wahres Sonntagskind von Opernlibretto gelungen: lustig, voller amüsanter Verwicklungen und sehr geeignet für die Vertonung. Gerade weil er sich nicht im geringsten um das bemühte, was man dazumal unter «poetischer Sprache» verstand (und was die vorangegangenen *Brandenburger* oft so gespreizt machte), weil er dem «Volk aufs Maul geschaut» hatte und in einem einfachen, ungekünstelten Tschechisch versifizierte, gerade darum und wegen des treffsicheren Szenenbaus mit der überraschenden Dritten-Akt-Attraktion des Zirkusspaßes wurde dies eines der Meisterlibrettos der gesamten Operngeschichte.

Freilich, dergleichen naive Dorfgeschichten gab es schon viele, von Paisiello bis Donizetti. Zur Charakterkomödie, Mozarts «Figaro» eben-

Kecal. Zeichnung von M. Aleš

Aus der Partitur der «Verkauften Braut» (Einleitungschor)

bürtig und durch den volkstümlichen Eigenton einer Nationaloper völlig
unvergleichlich, ist *Die verkaufte Braut* erst durch Smetanas Vertonung
geworden. Die Anregungen reichen bis in die Zeit von Smetanas Besuch
bei Liszt in Weimar, nach dem Fiasko von Cornelius' «Barbier von
Bagdad», zurück. Auch Lortzings Singspiele und Nicolais «Die lustigen
Weiber von Windsor» lagen ihm näher am Herzen als die gängigen
französischen opéras comiques Aubers oder die italienischen opere buffe

der Rossini- und Donizetti-Ära. Etwas im *leichteren Stil* sollte es nach seinen eigenen Worten sein. Die Freunde, der Dichter Jan Neruda besonders, suchten solchen Stil dem Komponisten schmackhaft zu machen und freuten sich, wenn er am Klavier Polkas und andere Volkstänze improvisierte. Aber darin blieb Smetana unbeirrbar: bloße Folklore-Nachahmung erschien ihm kein gangbarer Weg zur tschechischen komischen Oper zu sein; im unveröffentlichten Konzept zu einem seiner kulturpolitischen Artikel in den «Národní listy» schrieb er damals: *Durch Nachahmung des melodischen Falles und Rhythmus unserer Volkslieder schafft man keinen nationalen Stil, höchstens eine schwache Nachahmung eben dieser Lieder, von der dramatischen Wahrheit ganz zu schweigen.*[28] Richard Wagner konnte für eine «Operette» kein Leitstern sein, wer aber dann? Hört man es nicht aus der Partitur heraus? Smetana selber nannte den großen Namen: Mozart. Als ihn die St. Petersburger Kritiker fünf Jahre nach der Uraufführung so beleidigend verrissen, daß einer *Die verkaufte Braut* unter Offenbachs Burlesken stellte (die Smetana, echt wagnerisch, verachtete!), da empörte sich der Komponist: *Und keiner der Herren hat gemerkt, daß ich mich an das Beispiel Mozarts und seiner komischen Oper gehalten habe?*

Während der Arbeit an der *Verkauften Braut* befand sich Smetana in hoffnungsvoller Hochstimmung. Tanzend und am Klavier im Freundeskreis Tänze spielend, «tschechisierte sich» Smetana «derart, daß er oft schon fertige Teile der *Verkauften Braut* von neuem überarbeitete». Smetanas Freund Josef Srb-Debrnov erinnert sich: «Die Mehrzahl der hinreißenden und innigen Melodien der *Verkauften Braut* verdankt ihre Entstehung der abendlichen Stimmung am Moldaukai beim Anblick des Hradschins und der Kleinseite. Dort pflegte Meister Smetana fast täglich gegen Abend spazieren zu gehen und überlas den Text, den ihm Sabina stückweise zukommen ließ. Die Melodien ergossen sich in seinem Kopfe wie ein Strom. In seine Wohnung im Palais Lažanský zurückgekehrt, setzte er sich an seinen Arbeitstisch und skizzierte sofort auf dem Notenblatt, was er in Gedanken verarbeitet hatte.»

Die Keimzelle der Oper ist die Ouvertüre. Sie wurde schon komponiert, und sogar an einem Konzertabend des tschechischen Künstler-Vereins aufgeführt, noch ehe Smetana überhaupt den Text vertont hatte. Infolgedessen hängt sie motivisch nur lose mit der Oper zusammen (aber wiederum nicht so lose wie die Ouvertüren zu «Figaros Hochzeit» und «Don Giovanni», zwei der von Smetana am innigsten verehrten Opern). Dieses Vorspiel, einzigartig in seiner Verschwisterung von kontrapunktischem Fugato und quasi folkloristischer Tanzseligkeit, stimmt vollkommen auf das folgende Spiel ein, auf seine Fröhlichkeit, seinen heiteren Übermut; vollkommen auch im idealistischen Sinne des Lisztianers und symphonischen Dichters Smetana. So wie auch der folgende Einleitungschor «Warum sollten wir nicht froh sein» kein konventioneller

«Opernchor» ist, sondern eine Apotheose der Lebensfreude – und zugleich symphonisch fundiert. Denn ganz zum Schluß dient dieselbe G-Dur-Weise, die wie ein Volkslied anmutet (und, wie alle volksliedhaften Melodien der *Verkauften Braut,* Smetanas ureigener Erfindung entstammt!), einem sehr bewegenden musikdramatischen Effekt: ein bloßes pianissimo, keinerlei preziöse Tricks, und unversehens verwandelt sich die Frohsinns-Melodie in einen feierlichen Choral, mit dem der versöhnte Vater das niederkniende Paar segnet.

Das Verhältnis des Liebespaares Marie–Hans wird in der zweiten Szene durch den sechsfach gegliederten Komplex von drei Secco-Rezitativen, einer Arie, einem Duettino und einem Duett so einfach wie psychologisch einleuchtend exponiert. Die Sexten-Seligkeit verliebten Gleichklangs in diesem populärsten Smetana-Duett – die Melodie war Jahre zuvor schon im Skizzenheft notiert – dient erinnerungsmotivischer Dramaturgie: später, wenn Marie sich verraten glaubt, wird das Orchester wehmütig diese Liebessexten zitieren. Der Heiratsvermittler Kecal tritt mit «entschlossenen» Quarten- und Quinten-Schritten und ewigen Wortwiederholungen auf, die seine Geschwätzigkeit charakterisieren. Ähnlich sprechend wirken die plappernden Sechzehntel-Wiederholungen, mit denen er seinen Favoriten Wenzel anpreist. Da zeigt sich Smetana als Vorläufer der «Sprachmelodien» Janáčeks (der ihn seinerseits aber gar nicht mochte). Und wann ist gesungenes Stottern so kunstvoll auskomponiert worden wie in Wenzels Auftrittsarie und in seinem Widerpart des A-Dur-Duetts mit Marie? Wann ist je Tiefenpsychologie mit so genial einfachen Mitteln vorweggenommen worden wie in eben diesem Duett? «Ich würd' Euch zärtlich lieben wie ein süßes Wickelkind» verspricht Marie dem Wenzel. Eben erst hat sie ihn zum erstenmal gesehen, aber sogleich seine Infantilität erkannt; ihre Liebe ist so instinktschlau wie Text und Musik, die das ausdrücken.

Kann man sich in Andante-C-Dur über jemanden lustig machen? Smetana bringt auch dieses Kunststück fertig, nämlich in Hans' Arie «Wie wär's denn möglich», wo Spott über den düpierten Braut-Abkäufer Kecal und Bekenntnis der Liebe in einer strömenden Kantilene münden. *Die verkaufte Braut* ist reich an Ensembles, vom Terzett bis zum Chor, der auch – so im zweiten und im dritten Finale – dramatisch sehr funktionell sein kann. Die Krone dieser Ensembles ist das A-Dur-Sextett «Überleg dir's, Marie». Es zählt zu den Pretiosen aller solistischen Ensembles der Opern-Weltliteratur – mit dem besonderen Gag, daß die sechste Stimme, die der Marie, erst im dreizehnten Takt vor Schluß auftaucht; aber dann: wie überwältigend mit dem strahlenden hohen A, con molto affetto! Die folgende As-Dur-Arie der Marie «Mein Liebestraum», später hinzukomponiert, wurde von der zeitgenössischen tschechischen Kritik, die Smetana als «Wagnerianer» diffamieren wollte, als «Arie für Orchester mit Begleitung eines Soprans» verspottet. In

Wirklichkeit zeugt sie für den Formenreichtum der Partitur, die in der Endgestalt Operette und Musikkomödie zu einer neuartigen Synthese bringt. Die Arie selber nimmt mit der Verzahnung von Gesangsstimme und motivischen Instrumenten Smetanas Reifestil vorweg, der sich später in *Der Kuß* und in *Das Geheimnis* voll ausprägt. Aber alles ist in der *Verkauften Braut* im Grunde bereits da. Wenn etwa im Zankduett «Ein Dickkopf bist du» (3. Akt, VII. Szene) eine Polkaweise dadurch musikdramatisch aufgeladen wird, daß eine Vorhaltsdissonanz den Vorwurf der Dickköpfigkeit plastisch herausstreicht.[29] Oder wenn sich aus Hans' hintersinnig lächelnder Beschwichtigungs-Kantilene «Sei ruhig» (3. Akt, VIII. Szene) ein szenisch bedingtes Terzett entwickelt, oder aus dem folgenden buffonesken Chor «Sag uns, wie hast du entschieden, Marie», einem Rossini-flinken Plapperensemble, das smetanaischer Wortmelodie entspringt, das krönende Finale sich entfaltet. Es ist kurz und doch reich an Formen, ein Wechselbad der Emotionen, vom Grotesken bis zum Gefühlvollen, mit einem Spottvivace über den genasführten Kecal, das ein uraltes Kunstmittel, das Ostinato, der Musikkomödie dienstbar macht. Das klingt alles so einfach wie beredt und wirkungsvoll, und mehr als hundert Jahre haben der originalen Frische nichts von ihrem Charme genommen. Jeder kann das verstehen, und zugleich wird der musikalisch Anspruchsvollste befriedigt – ein wahrhaft mozartischer Smetana-Effekt. Die schwierige Kunst des Vollkommenen im scheinbar Einfachen: in dieser Partitur ist sie Ereignis geworden.

Nicht alle Landsleute Smetanas verstanden das sofort. Ein Fachmann, der Konservatoriumsdirektor Josef Krejčí, sagte nach der Premiere: «Das ist keine komische Oper, die ist nicht gelungen und wird sich nicht halten . . .» František Pivoda, der Smetanas späteres Werk unversöhnlich ablehnte, zeigte sich sehr angetan, weil die Oper mit ihren «Klängen tschechischen Volksgesanges, ohne daß jedoch ein einziges Volkslied zitiert worden wäre» seiner, der Ästhetik der Alt-Tschechen, entgegenzukommen schien, und begrüßte *Die verkaufte Braut* als «über die Maßen erfreulichen Anfang dessen, was wohl dereinst Gültigkeit als eigene Richtung der tschechischen Opernmusik gewinnen wird» – keine schlechte Prophetie. Begeisterter formulierte sie der namhafte Schriftsteller und Smetana-Freund Jan Neruda in den fortschrittlichen «Národní listy»: «. . . die sich nach einer slawischen Oper sehnten, können nun befriedigt ausrufen, seht her, wir haben schon eine slawische Oper!» Aber dieselbe Smetana so wohl gesonnene Zeitung erkannte noch Monate später nicht die Genialität des ganzen Kunstwerkes namens *Die verkaufte Braut*, wenn sie in ihrem Referat über die dritte Aufführung, eine Festvorstellung anläßlich des Besuchs Kaiser Franz Josephs I. in Prag, Smetanas Musik lobte, aber zugleich bedauerte, daß er eine «so sichtbare Mesalliance einging, indem er sich ein Libretto aussuchte, das jeden Interesses und Reizes entbehrt».

Jan Neruda

Freilich hatte damals *Die verkaufte Braut* noch nicht die Form, in der sie unsterblich wurde. Was heute so vollkommen anmutet, daß auch die selbstherrlichsten Regisseure nicht auf die Idee kamen, die Partitur anzutasten (von einigen russischen abgesehen), das wuchs in Wirklichkeit erst in Jahren zusammen. Die Ur-Braut war ein zweiaktiges Singspiel mit gesprochenen Dialogen, dem viele Glanznummern der Endgestalt fehlten. Erst in der vierten Fassung (Aufführung am 25. September 1870) ist sie erreicht. Nach und nach hatte Smetana die Partitur um die berühmte Polka zu Ende des ersten Aktes, die As-Dur-Arie der Marie und den Bier-Chor, dann um Furiant, Springtanz (Skočná) und Komödianten-Marsch, schließlich um die Rezitative statt der gesprochenen Dialoge angereichert, ursprüngliche Couplets des Zirkusdirektors und der Esmeralda hingegen bald wieder gestrichen. Sehr schnell sang sich *Die verkaufte Braut*, den widrigen Premierenumständen zum Trotz, in die Herzen der Tschechen, und die 100. Aufführung, damals ein Unikum

Szene aus «Die verkaufte Braut», Nationaltheater Prag, 1943

für eine tschechische Oper, erlebte Smetana als wahrhaft nationales Opernfest.

Den Siegeszug durch die Opernwelt erlebte er nicht mehr. Die erste fremdsprachige Aufführung, 1871 in St. Petersburg – später folgte zu Smetanas Lebzeiten nur noch eine in Agram –, wurde zu einer der schmerzlichsten Enttäuschungen des Komponisten. Cesar A. Cui, namhafter Kritiker und Mitglied des «progressiven mächtigen Häufleins» um Mussorgsky, verriß die Oper völlig verständnislos und stand damit keinesfalls allein: «Über Smetana mag ich schreiben, wie ich will, stets werde ich über meine Aufgabe hinausgehen, so sehr ist seine Oper leer und unschmackhaft . . . das ist keine Komposition, das ist die Improvisation eines begabten vierzehnjährigen Knaben.» Der Smetanologe Otakar Hostinský, der diesen Ausspruch zitiert, ging in einem gewissen zeitgemäß bedingten progressivistischen Trotz wiederum so weit, daß er schrieb: «. . . 1866 war *Die verkaufte Braut* in der ganzen Weltliteratur zumindest die verhältnismäßig fortschrittlichste, wenn Sie so wollen: die wagnerischeste komische Oper.»

Die musikalische Welt außerhalb Böhmens nahm erst nach dem Tode Smetanas Kenntnis von diesem Meisterwerk. Das geschah im Jahre 1892 in Wien. Anläßlich der Internationalen Theaterausstellung gastierte dort, in einem improvisierten Theater im «k. k. Prater», das junge tschechische Nationaltheater mit dem gesamten Ensemble von 270 Künstlern und insgesamt sechs Werken, darunter Smetanas *Dalibor* und Dvořáks «Dimitrij», die aber beide nicht sehr gefielen. Desto sensationeller empfanden die Wiener die Entdeckung der bis dahin unbekannten *Verkauften Braut*; Publikum und Kritik waren sich darin einig. Schon im folgenden Jahr wurde die Oper im Theater an der Wien erstmals auf deutsch gegeben (in Max Kalbecks willkürlicher Übertragung, die der weltberühmte tschechische, in Dresden und Berlin wirkende Tenor Karel Burian so verspottete: «... jedenfalls durfte sich der Übersetzer dieser Arbeit nicht annehmen, nicht einmal, wenn er tschechisch wirklich gekonnt hätte ...»). Es ehrt die Dutzende deutscher Hof- und Stadttheater, daß sie es waren, die Smetanas erstem Meisterwerk von den neunzi-

Emmy Destinn
als Mařenka

ger Jahren an den Weg zum Weltruhm eröffneten. Daß die Tschechen in einer komischen Oper, die ursprünglich eine possenhafte Operette war, die theatralische Verkörperung ihrer Eigenart lieben – Mařenka als Vollblutweib, leidenschaftlich und trotzig zugleich, Jeník als intelligenter, ja schlauer «kleiner Mann», der sein Ziel durch List erreicht (verwandt dem Schwejk, einer anderen erz-tschechischen Volksfigur) –, daß nationale Identifikationsmöglichkeit mit übernationaler Geltung, große Kunst und große Volkstümlichkeit so selbstverständlich Hand in Hand gehen, das macht *Die verkaufte Braut* zu einer wahren Ausnahmeoper.

KAMPFJAHRE DES «WAGNERIANERS»

Teures Frauchen! Es ist alles Tatsache geworden – ich bin Kapellmeister! Skrejšovský erhielt vom ganzen Komité das Theater zugesprochen und bestimmte mich als Kapellmeister. – Aber die Herren zahlen mir verteufelt wenig: jährlich 1200 fl. Gehalt und 1 Benefizvorstellung, zusammen also 1400 fl . . . Vorläufig muß ich zufrieden sein . . . Prag, am 15. September 1866, 7 Uhr abends, schrieb Smetana seiner Frau nach Lamberg, in überschwenglicher Freude, sie und die Kinder *100000mal* küssend.[30] Sein Gehalt war tatsächlich sehr niedrig, 1400 Gulden reichten eigentlich nicht zum Leben, aber was tat es: ein Herzenswunsch Smetanas war endlich in Erfüllung gegangen. Schon lange vor der Aufführung seiner ersten Opern hatte er nach Göteborg geschrieben: *In nationaler Hinsicht ist die Kapellmeisterstelle beim böhmischen Theater wohl die wichtigste; denn hier wirkt man unmittelbar auf das Publikum im weitesten Sinne, und kann auf die Veredlung des Kunstgeschmackes sowohl als Kunstrichtung selbst in erster Reihe den größten Einfluß ausüben.*[31] Und noch früher hatte er als Kritiker seine Ideen über eine zukünftige tschechische Oper, ein ihr dienendes Theater in die öffentliche Diskussion gebracht. Seine Bewährung als Dirigent der *Brandenburger* und der *Verkauften Braut* gewann ihm viele Sympathien, selbst der in jenem Brief von Smetana genannte J. S. Skrejšovský, ein Alt-Tscheche, der damals Vorstandsstellvertreter der Theatergenossenschaft war, konnte den immer dringenderen Rufen nach Smetanas Ernennung nicht mehr ausweichen. Die Zeit des Kapellmeisters Mayr, des Favoriten des alt-tschechischen Politikers und obersten Theaterintendanten Rieger, war abgelaufen; mit Smetana begann eine neue Ära.

Neun Jahre hindurch bekleidete Smetana den Kapellmeisterposten am Interimstheater. Ein bescheidener Posten, wenn man das Gehalt und die kärglichen Mittel dieses kleinen Theaters ansieht. So energisch er seine Arbeit sogleich begann – als Dirigent von Webers «Freischütz» (auf tschechisch natürlich) –, so bald mußte er erkennen, daß vieles, wovon er

74

geträumt, nicht reifen konnte. Eine Vergrößerung des unzulänglich besetzten Dreißig-Mann-Orchesters (der junge Dvořák spielte als erster Bratscher, von zweien, bei den Smetana-Premieren mit) erwies sich als finanziell ebenso undurchführbar wie der Ausbau eines Opernballetts und die Gründung einer Opernschule für den Sängernachwuchs. Dennoch waren die neun Smetana-Jahre für das Interimstheater die Glanzzeit. Nicht nur wegen der Smetana-Uraufführungen; auch weil der neue Kapellmeister einen modernen Geist in das kleine Theater brachte.

Im Repertoire drängte er die damals vorherrschende italienische Belcanto-Oper zugunsten der deutschen (Gluck, Mozart, Beethoven, Weber) und der französischen (Gounod schätzte er besonders) zurück, die seiner von Wagner beeinflußten Musikdrama-Ästhetik näher lagen. Wagner selber kam freilich nicht nur wegen der dürftigen Orchester- und Bühnenverhältnisse nicht in Frage. Nie vergaß Smetana, daß die junge tschechische Oper, die er eben erst mit eigenen Werken ins Leben gerufen hatte, Nachschub brauchte. Uneigennützig und großzügig, auch wenn seine Gegner die inferiorsten Kleinmeister gegen ihn auf den Schild hoben, förderte er die bescheidene zeitgenössische tschechische Opernproduktion. Antonín Dvořák (der sich in seinen ersten Opernjahren zu Unrecht von Smetana hintangesetzt fühlte), Zdeněk Fibich und Vilém Blodek (mit dem bei den Tschechen bis heute beliebten Einakter «V studni» [Im Brunnen]) sind die wichtigsten neuen Autorennamen in der Ära des Kapellmeisters Smetana; damals setzte man auch auf die neuen Opern von Karel Šebor, Karel Bendl oder Josef Richard Rozkošný Hoffnungen, und Smetana gab ihnen faire Chancen.

Im Gegensatz zu dem selbstherrlich-diktatorischen Maýr führte Smetana ein mildes Regiment. Jan Maýr habe den Taktstock wie einen Korporalstock geführt, Smetana wie einen Marschallstab, sagte man im Orchester. Der Smetana-Schüler Josef Jiránek erinnert sich: «Smetana behandelte alle Musiker im Orchester wie seinesgleichen und war zu jedem rücksichtsvoll . . . Die Proben zog er nie überflüssig in die Länge, um die Mitwirkenden nicht zu ermüden. Auf den Proben lebte er völlig auf. Er verstand es, sich in den Geist jeder Komposition einzuleben, und suchte ihre Schönheit hervorzuheben. Kein Fehler, kein einziger falscher Ton entging seinem Ohr. Ein verspäteter oder verfrühter Einsatz eines der Orchestermitglieder hatte unfehlbar ein sofortiges Abklopfen zur Folge . . . Wenn es nötig war, erläuterte er uns kurz die Komposition, um unser Interesse zu wecken, oder er riß uns mit seiner Dirigierkunst mit; er gab nicht nur die Tempi und die Wechsel an, sondern auch die dynamischen Schattierungen.» Heute erscheint das alles als selbstverständliche Dirigentenarbeit, zu Smetanas Zeiten war es ein revolutionärer, die alteingeführte Taktschlägerei zum Geistigen und Hochexpressiven hin erweiternder Stil. Das Vorbild war Hans von Bülow, den Smetana in Deutschland bewundern lernte. Die Orchestermusiker und die

fortschrittlich gesinnten Sänger ließen sich willig, oft begeistert von ihrem neuen Kapellmeister führen und drückten ihre Verehrung durch Geburtstagsständchen aus. Bis heute wirkt am tschechischen Nationaltheater im Grunde noch weiter, was Smetana in den neun Jahren seiner Operndirektion als stilistische Leitlinie einführte: im Repertoire die Vorherrschaft tschechischer Opern, auch solcher, die das Ausland nie zur Kenntnis nahm, eine gewisse, nach dem Zweiten Weltkrieg politisch verschüttete Vorliebe für deutsche Opern, die auch so außenseiterische wie Cornelius' «Barbier von Bagdad» einschließt, und eine Unterschätzung der italienischen Bestseller von Donizetti, Verdi und Puccini, die auch mit der durch Smetanas Werk selbst ausgeprägten, eher dem differenzierten Ausdruck als dem reinen Belcanto verpflichteten Gesangstechnik der tschechischen Schule zusammenhängt.

Die ersten Jahre von Smetanas Kapellmeistertätigkeit waren die aktivste, glücklichste Zeit seines Lebens – die späteren die bitterste. Denn gerade das Werk, das seine künstlerischen Ideale viel reiner, kompromißloser ausdrücken sollte als *Die verkaufte Braut*, das einen für Smetana heiligen Tag, die Grundsteinlegung des tschechischen Nationaltheaters, mit der festlichen Premiere krönte, dieser *Dalibor* wurde zum Schmerzenskind.

Die Oper sollte das tragische Gegenstück zu *Die verkaufte Braut* werden, eine Nationaloper wie sie, aber künstlerisch progressiver. Seit April 1865, also neben der *Verkauften Braut*, arbeitete Smetana an der Partitur. Am 29. Dezember 1867 vollendete er sie. Als sich der große

nationale Festtag näherte, an dem endlich der Grundstein fürs Nationaltheater gelegt wurde, konnte keine andere Oper der Festaufführung für
würdig befunden werden, als die jüngste aus der Feder des Kapellmeisters
Bedřich Smetana, auch wenn er vielen konservativen Patrioten nicht sehr
konvenierte.

Das Fest am 16. Mai 1868 vereinte jedoch noch einmal Alt- und
Jung-Tschechen. Endlich ging der Traum eines tschechischen Nationaltheaters seiner praktischen Verwirklichung entgegen. Was das damals
für die Nation – oder sagen wir nüchterner: für deren führendes Bürgertum – bedeutete, zeigte sich schon am äußeren Spektakel dieser Feier.
Zehntausende waren nach Prag geströmt, ein Festzug mit vielen Fahnen
und bunten Volkstrachten – auch Smetana hatte sich patriotisch kostü-
miert – bewegte sich durch die Straßen der Innenstadt zum Moldaukai,
wo ein Festzelt aufgestellt war und die Prominenten beider politischen
Richtungen (auch die deutschen Mitglieder des Landesausschusses nahmen an der Feier teil) die nationale Symbolik dieses Theater-Grundsteins
einträchtig optimistisch priesen: Karel Sladkovský als Sprecher der Jung-
Tschechen, der berühmte Historiker František Palacký, der als Repräsen-
tant der Alt-Tschechen den Segen Gottes herabrief auf «dieses Heilig-
tum, in dem sich dem tschechischen Volk jedwede Wahrheit und Schönheit vor Augen stellen soll». Schiller wirkte auch bei den Tschechen
weiter; ein politischer Aspekt kam dazu: das entstehende Gebäude des
Nationaltheaters verkörperte zugleich die Hoffnung auf das künftige
Gebäude tschechischer Eigenstaatlichkeit. Smetana, als Sprecher aller
tschechischen Künstler – Dramatiker waren, bezeichnenderweise, nicht
vertreten –, gab sich kürzer und unpathetischer, als er den Grundstein
mit den Worten beklopfte: *In der Musik das Leben der Tschechen!*

Abends traf man sich jenseits des alten Roßtores – der Wenzelsplatz
hieß damals noch Roßmarkt – im Neustädter Theater zur Premiere von
Dalibor wieder. Es stand dort, wo seit 1888 der schöne Neurokoko-Bau
des privater deutscher Theaterleidenschaft entsprungenen Neuen Deutschen Theaters (seit 1945: Smetana-Theater) bis heute steht. Schier
unglaublich, welch üppige Blüten dazumal die Prager Theaterfreude
trieb! Nicht weniger als 4000 Zuschauer hatten im 1858 gebauten Neustädter Theater Platz, und 1876 kam noch, ein paar hundert Meter weiter,
das hölzerne Neue Böhmische Theater dazu, das 3000 Besuchern Platz
bot, sich durch die technische Errungenschaft eines verschiebbaren Glas-
dachs empfahl und erst beim Bau des Museums, der heutigen Dominante
des Wenzelsplatzes, abgerissen wurde. Das kleine Interimstheater mit
seinen 1100 Plätzen kam für ein gesamtnationales Ereignis, wie es die
Opernpremiere des *Dalibor* war, schon aus Gründen der Kapazität nicht
in Frage.

Dem öffentlichen Interesse zuliebe hatte man, auch dies eine Novität,
im riesigen Neustädter Theater eine allgemein zugängliche Generalprobe

von *Dalibor* vorausgehen lassen. Was sich von ihr aus über die Befremd-
lichkeit der neuen Oper herumsprach, bestätigte der Premierenabend am
16. Mai 1868. Zwar errang der von Smetana dirigierte und sehr sorgfältig
einstudierte *Dalibor*, dem des Komponisten Festouvertüre in C-Dur als
Begleitmusik zu einer allegorischen Szene *Libussas Weissagung* vorangegangen war, rauschenden Beifall, aber der war mehr der allgemeinen
Festfreude als der Wirkung des Werkes gutzuschreiben. Das Publikum
blieb bald aus. Nur wenige Wiederholungen folgten zu Smetanas Lebzeiten. *Die verkaufte Braut* hatte das Handicap der verunglückten Premiere
ziemlich schnell überwunden und sich ins Ohr des tschechischen Volkes
gesungen. Mit *Dalibor* ging es umgekehrt. Erst nach dem Tod ihres
Schöpfers, beginnend mit der Wiederentdeckung im Jahre 1886, wurde
die Oper in ihrer Besonderheit als ebenbürtiges tragisches Gegenstück
zur *Verkauften Braut* erkannt und bei den Tschechen geradezu populär.
Für Smetana selbst bedeutete das Scheitern seiner einzigen tragischen,
mit großem Engagement geschaffenen Oper die größte künstlerische
Enttäuschung seines Lebens.

Die Grundsteinlegung zum Nationaltheater am 16. Mai 1868

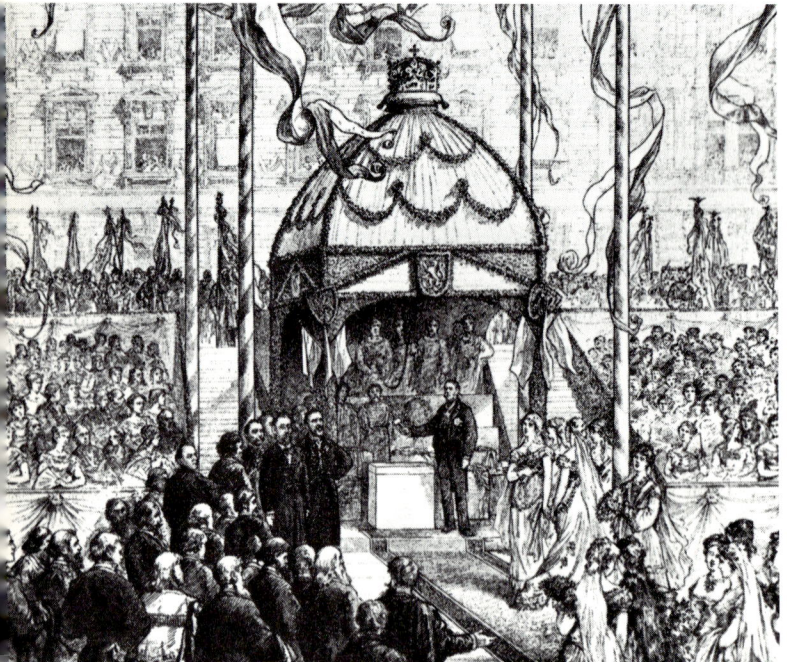

Anders als in *Die verkaufte Braut*, die er gewissermaßen mit der linken (freilich einzigartig begnadeten) Hand komponiert hatte, investierte er in *Dalibor* sein ganzes künstlerisches Ich: das Werk ist sein entschiedenstes Credo an die Fähigkeit der jungen tschechischen Oper, mit der Entwicklung der Welt-Moderne Schritt zu halten – und diese verkörperte damals, in der Hellsicht Smetanas, eben das Musikdrama Richard Wagners. Des frühen oder höchstens mittleren Wagners, muß man hinzufügen. Denn als Smetana den *Dalibor* komponierte, kannte er zwar den «Tannhäuser», dem er bei einer Prager Aufführung schon 1854 «ganz entzückt» beigewohnt hatte (nach dem Zeugnis seiner ersten Frau Kateřina), aber «Tristan und Isolde», die «Meistersinger» und die ersten beiden Ring-Werke lernte er erst nach Vollendung der Partitur kennen. Was immer seine Gegner an «Wagnerismus» dem *Dalibor* ankreideten: es ist mehr Eigenbau und Eigenentwicklung als Nachahmung.

«Leicht, schnell und glücklich» komponierte der neugebackene Kapellmeister «auf einmal einen halben Akt», nachdem ihm vorher seine Frau die geliebten Škubánky (eine speziell tschechische Mehlspeise) als Zutat zur vielstündigen, höchst konzentrierten Kompositionsarbeit bereitet hatte, wie sein junger Dalibor-Übersetzer Ervín Špindler berichtet. Übersetzt werden mußte der Originaltext nun einmal. Es gehört zu den zeitbedingten Kulturkuriosa, daß die klassischen Nationalopern der Tschechen, der tragische *Dalibor* wie die festliche *Libuše*, deutsche Texte zur Grundlage hatten. Beider Urheber war der deutschböhmische Schul-

79

rat Josef Wenzig (1807–76), eine kulturgeschichtlich interessante Persönlichkeit. Sicher keine der Literaturgeschichte, obgleich Wenzig viele Übersetzungen aus dem Tschechischen und auch mehrfach aufgeführte eigene Schauspiele produzierte. Wesentlich ist Wenzigs kulturpolitische Wirksamkeit; als einer der letzten aktiven und überzeugten Vertreter des «Bohemismus», der sich von deutscher Seite aus für die Gleichberechtigung der beiden Landessprachen einsetzte, wurde er vom Volk gewählter böhmischer Abgeordneter im Landtag und einer der ersten Direktoren der neuen tschechischsprachigen Realschule (vergleichbar einem neuzeitlichen, naturwissenschaftlich ausgerichteten Gymnasium: das gab es überhaupt erst seit 1852).

Diesen liberalen, humanistischen Deutschösterreicher Wenzig lernte Smetana in der jungen, damals noch utraquistischen Künstlervereinigung «Umělecká beseda» als deren respektablen Vorsitzenden kennen. Wenzigs deutschsprachiger *Dalibor* gefiel ihm. Aber komponieren wollte er doch nur auf tschechisch. Wenzigs damals zweiundzwanzigjähriger Schüler Ervín Špindler, ein musikliebender Jurist, der sich später als fortschrittlicher Bezirkssekretär im nordböhmischen Provinzstädtchen Raudnitz hervortat, wurde zum Übersetzer auserkoren. Špindler folgte in der Diktion dem als Autorität anerkannten Wenzig sehr getreu, was zur Folge hatte, daß Smetana ein ziemlich dilettantisches Libretto vertonen mußte. Zwar griff der instinktsichere Dramaturg Smetana mit verschiedenen Änderungen, vornehmlich Kürzungen, bessernd ein, aber die Mängel des Opernbuches, von Anfang an selbst von des Komponisten Anhängern gerügt, beeinträchtigen doch bis heute die Bühnenwirksamkeit dieser wahrhaft genialen Partitur; nicht zufällig wurde *Dalibor* mehrmals von Tschechen bearbeitet, auch noch von dem großen Dirigenten Václav Talich, obwohl in den zwanziger Jahren Otakar Ostrčil die Urform durchgesetzt hatte.[32] Tatsächlich erscheint Wenzigs Libretto äußerst mangelhaft. Nicht weil er in der altväterlichen Diktion eines Schiller-Verehrers dichtete und reimte, sondern weil sein Held keinerlei Entwicklung verkörpern kann: er ist, was tschechische Kritiker schon frühzeitig bemerkten, völlig passiv, tut nichts und bramarbasiert nur «heroisch»; es geht mit ihm vom allerersten Auftritt ohne jedwede dramaturgische Spannung ununterbrochen abwärts, bis zum melodramatischen Ende mit dem Feindesschwert in der Brust.

Josef Wenzig bediente sich, was Smetana sehr anheimelte, eines Stoffes aus der böhmischen Geschichte. Er hatte ihn schon 1848 in einem Versepos «Die Daliborka» – so heißt der dicke Turm auf dem Hradschin, wo Dalibor seine letzten Tage verbrachte – bearbeitet, und vor ihm hatten das schon mehrere, meist deutsch-österreichische Dichter getan. Der historische Ritter Dalibor von Kozojedy lebte in den letzten Jahrzehnten des ziemlich wüsten 15. Jahrhunderts, ein Raufbold eher als ein Held, wenn auch mit gewissen sozialen Ambitionen: er gab seinen Bauern die

Smetana bei der Grundsteinlegung
des Prager Nationaltheaters
Zeichnung von Betty Smetana

Richard Wagner

Freiheit, freilich mehr um sie aufzuwiegeln und bei seinen ständigen Händeln gebrauchen zu können. Dalibor wurde 1498 in Prag als Landfriedensbrecher hingerichtet. Im Gefängnis, in eben jener Daliborka, soll er ergreifend Geige gespielt haben – ein Motiv, das Wenzig in sein Libretto übernahm, jedoch auf Dalibors toten Freund Zdeněk übertrug. Ihn schwärmt der Titelheld in so warmen Worten und Kantilenen als geliebten Gefährten und Meister an, so daß die Oper von tschechischen *Dalibor*-Deutern geradezu als Homosexuellen-Tragödie interpretiert wurde.[33] Wenzig nahm es mit der Geschichte nicht so genau, Verklärung und Erhabenheit war sein poetisches Ziel – und eben dies fesselte Smetana. Er wurde seinem viel begabteren Landsmann Sabina untreu (der, von Smetana wahrscheinlich ganz unbemerkt, für einen drittklassigen Komponisten namens Pozděna ebenfalls ein Dalibor-Libretto hingeworfen hatte) und wandte sich dem biederen Schulrat zu, obwohl er dessen deutsche Verse erst ins Tschechische übersetzen lassen mußte.

In Wenzigs Libretto fließen vielerlei Anregungen des internationalen Theaters unorganisch zusammen. Schillerscher Idealismus in dem naiven Höhenflug der dekorativen Verse; Beethoven–Fidelio in der Intrige des Mädchens, das sich in Männerkleidung in den Kerker einschleicht, um den Geliebten zu befreien; Lohengrin-Erhabenheit in den Szenen des Königs als Richter. Das alles, dramaturgisch unvergoren, wie es auch in des jungen Špindler Übersetzung bleibt, wird durch Smetana sublimiert. Um folgendes geht es: dem Ritter Dalibor, der sich für die Ermordung seines geliebten Freundes Zdeněk durch Brandschatzung gerächt hat, wird der Prozeß gemacht. Der König verurteilt ihn zum Tod. Obgleich seine Anklägerin Milada, fasziniert durch Dalibors ritterliche Erscheinung, nun alles tut, um ihn mit Hilfe eines braven Neben-Paares (Jitka und Vítek) zu befreien, scheitert die Rettungsaktion. Milada wird tödlich verwundet, Dalibor stürzt sich verzweifelt in die feindlichen Schwerter. Eine «Rittergeschichte» – Smetanas Vertonung adelt sie zu einem Gleichnis, in dem die Tschechen ihre nationale Tragik erkennen können, und der Rest der Welt, wenn er nur wollte, eine der musikalisch blühendsten Opern aus dem Dunstkreis Wagners. Ihr Reiz besteht gerade darin, daß sie bei aller Wagner-Verehrung das Modell für etwas ganz Neues, nämlich für ein musikalisches Drama nationaltschechischen Stils schuf. Insofern hatte Otakar Hostinský, der bedeutende tschechische Musikästhetiker und Smetana-Apologet, recht, wenn er in einem Essay zur Rechtfertigung des verkannten *Dalibor* 1873 schrieb, daß «Smetanas *Dalibor* nicht etwa trotz seiner ‹wagnerisierenden› Richtung, sondern gerade infolge dieser Richtung (hauptsächlich wegen des systematischen Gebrauchs musikalischer Motive und Anspielungen) mehr volkstümlichen nationalen Charakter in sich trägt als jedes andere ernste tschechische Singspiel». Das Erstaunliche an dieser Partitur liegt darin, daß sich höchst kantable, volkstümlich gewordene Weisen – Dalibors As-Dur-Gesang im ersten Akt kennt jeder Tscheche auswendig, der sich überhaupt mit Oper beschäftigt – mit leitmotivischer Struktur vertragen.

Bedřich Smetanas Zeitgenossen hörten allerdings nur das befremdlich Neuartige heraus. Selbst wohlwollende Kritiker bemängelten das Fehlen aller Ensembles, die Duette und Chöre ausgenommen. Zwar verwahrte sich Smetana selber gegen den Vorwurf, er habe «Tristan und Isolde» übertrumpfen wollen, geradezu erbittert: *Mein «Dalibor» steht wohl schwerlich dort, wo der «Holländer» steht . .*[34] Damit untertrieb er, entwicklungsgeschichtlich. Hätte er «Lohengrin» genannt, würde der Vergleich eher stimmen. Da wie dort sind in eine mit Accompagnato-

Rezitativen verknüpfte Folge von «Auftritten» (20 in drei Akten) geschlossene Formen eingebettet, die ihre Ahnherrenschaft aus der alten Arien-Oper nicht verleugnen, auch wenn das Wort «Arie» verpönt wird. Dalibors Rechtfertigung vor dem Königsgericht ist ein großartiger Komplex aus verschiedenartigen Rezitativen, Choreinwürfen und drei Ariosi des Titelhelden; sein D-Dur-Allegro im zweiten Kerkerbild («Ah, welche Wonne») ist ebenso eine veritable Arie wie König Wladislaws Adagiotiefe Meditation über die Pflichten eines Herrschers, wie das Kerker-Duett Dalibor–Milada und frischen Weisen des Paares Jitka–Vít. *Im «Dalibor» herrscht noch die absolute Musik vor, es ist nichts von Wagner in dieser Arbeit,* meinte Smetana noch zehn Jahre später. Das ist richtig, wenn man unter «nichts von Wagner» die Freiheit des eigenen Weges versteht. Aber Szenen wie die von Dalibors ergreifendem Lebensabschied (3. Akt: «Ich bin bereit!), wo nicht mehr die Gesangsstimme, sondern das Orchester vorherrscht, wären ohne Smetanas Wagner-Erlebnis undenkbar. So undenkbar wie die Grundstruktur des *Dalibor.*

Diese beim ersten Anhören so unproblematische Melodien-Oper erweist sich als komplizierter Organismus von inneren Beziehungen. So monothematisch ist keine einzige Wagner-Oper aufgebaut. Fast alle wesentlichen Vokalmelodien und noch so arienhaften Gesänge sind aus einer einzigen motivischen Keimzelle abgeleitet. Sie wird schon beim ersten Öffnen des Vorhangs im Orchester vorgestellt: zwei sich verzahnende, diatonisch stufenweise aufsteigende Quartengänge, zuerst in g-moll.

Diesem Ur-Motiv begegnet man fortan in den verschiedensten Varianten auf nahezu jeder Partiturseite. In strahlendem Fis-Dur-Tutti als persönliches Leitmotiv des Helden Dalibor:

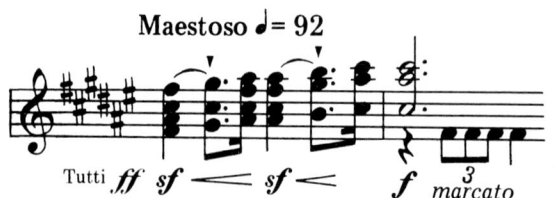

in sanftem As-Dur in Dalibors Kantilene, die das Gedenken seines ermordeten Freundes Zdeněk feiert:

DALIBOR dolce e con anima

Když Zde - něk můj ve sva - tém nad - še - ní

sodann als orchestrale Grundierung seines visionären Gesangs der Todesbereitschaft, überhaupt immer, wenn von Dalibor und seinem Schicksal die Rede ist. Oder genauer: fast immer; denn Smetanas monothematisches System zeichnet sich dadurch aus, daß es keines ist, daß es eher instinktiv-musikantisch als streng programmatisch Zusammenhänge herstellt. Etwas, was eigentlich für Smetana weniger bezeichnend erscheint als etwa für Janáček. Es gibt auch keine Äußerungen Smetanas über diese gewachsene Monothematik in *Dalibor*, während er die viel flüchtigeren Bezogenheiten seiner Spätoper *Das Geheimnis* zu zwei Grundmotiven hervorhob. Wahrscheinlich wollte er nicht auf Wagner-Beziehungen verweisen, die ihm ohnehin zum Vorwurf gemacht wurden. Dennoch bleibt die monothematische Wurzel der *Dalibor*-Partitur deutlich – deutlicher, als es die tschechische Smetana-Interpretation bisher darstellte, sofern man auch die Motiv-Varianten durch die legitime Technik der Umkehrung einbezieht (wie halbbewußt oder unbewußt Smetana sie immer benutzt haben mag).

Daß die G-Dur-Melodie, die Juttas und Miladas Entschluß zur Befreiung Dalibors symbolisiert

J.

Ze ža - lá - ře po - ky - ne zá - ře,
Nicht ver - za - gen und al - les wa - gen,

aus dem Grundmotiv abgeleitet ist, leuchtet so unmittelbar ein wie dessen Allgegenwart, wann immer von Dalibor die Rede ist (mit Ausnahmen: in Miladas «Leonoren-Arie» wird es von anders strukturierten Affekt-Gestalten verdrängt). In der Umkehrung prägt es auch das pompöse, sehr exponierte Königs-Motiv:

den Knappen-Chor oder die Klage-Arie des Kerkermeisters Benesch. Das mag Zufall sein (dergleichen Zufälle häufen sich), aber ist das umgekehrte Motiv an einer so emotional betonten Stelle zu überhören, wo es gewissermaßen zum nationalen Motto überhaupt wird, nämlich zu dem Text «Ein Böhme liebt Musik»? Die Dichte der motivischen Beziehungen zur Keimzelle nimmt überall dort zu, wo sich die Situation auf den Helden bezieht, und sie nimmt dort ab, wo andere, periphere Schicksale in den Vordergrund treten. Eben diese ahnende Zielsicherheit, die auch noch ungeplante Früchte der Einheit ernten läßt, spricht für schöpferische Begnadung. Das Merkwürdige dabei ist, daß Smetana zur einzigartigen *Dalibor*-Monothematik keinesfalls durch Nachahmung von Wagners Prinzip der «unendlichen Melodie» kam. Er lehnte sie vielmehr dezidiert ab: *Wir Tschechen sind ein singendes Volk und können diese Methode nicht akzeptieren.* Auch im Wagner-beeinflußten, aber nicht Wagner-hörigen *Dalibor* liegt die Seele der Musik im Gesang, das Geheimnis der motivistischen Einheitlichkeit in der Kantabilität des Grundmotivs, die, obwohl orchestral exponiert, in alle Stimmen ausstrahlt.

Einen Tag nach der *Dalibor*-Premiere sangen 2000 tschechische Kehlen zum erstenmal Smetanas Chorwerk *Rolnická* [Bauernhymne] – eine viersätzige Apotheose des Bauernstandes, begeistert akklamiert in der gehobenen Stimmung der Festtage zur Grundsteinlegung des Nationaltheaters. Kein Hauptwerk Smetanas, aber doch ein historisch wichtiges für die Renaissance des tschechischen Chorwesens; die motivische Einheitlichkeit durchbrach den bis dahin üblichen Liedertafelstil. Wesentlicher ist das etwas später uraufgeführte Chorwerk *Česká píseň* – zum zweitenmal uraufgeführt, denn als Männerchor mit Klavier lag es schon seit 1860 vor. Jetzt komponierte Smetana das Gedicht des Pfarrers Jan Jindřich Marek, der sich des Pseudonyms Jan z Hvězdy bediente, zu einer vierteiligen Kantate für gemischten Chor (das erste tschechische Großwerk für diese Besetzung) und Orchester um. Vier Teile zum Ruhm des tschechischen Liedes: es kann erhaben klingen, wenn es Gott preist; süß, wenn Mädchen es singen; lieblich in der Gesellgkeit, und am «wärmsten, wenn es Liebe zum Vaterland entzündet». Ein Dokument der tschechischen Wiedergeburt jener Jahre in seinem betonten Patriotismus, zugleich ein Meisterwerk Smetanas in der melodischen Plastik und der für alle Chorgruppen dankbaren Satztechnik – des Komponisten populärstes Chorwerk.

Im Sommer 1868 fuhr Smetana nach Konstanz, um die Stätte der Hinrichtung des Jan Hus zu besuchen, dann nach München, wo er den dort studierenden Otakar Hostinský, seinen späteren Herold, kennenlernte und mit ihm gemeinsam im Hoftheater die «Meistersinger von Nürnberg» hörte. Begeistert und entzückt. Als Hostinský meinte, die tschechische Oper werde auch «früher oder später diese Richtung» einschlagen müssen, sagte Smetana: *Ohne Zweifel, aber nicht in diesem Augenblick: derzeit ist es unmöglich. Ein solcher Schritt nach vorwärts muß sich langsam vorbereiten und dabei müssen wir unseres eigenen Weges gehen unter Berücksichtigung unserer besonderen Verhältnisse.*[35] Die Erfahrungen mit der *Dalibor*-Ablehnung sprachen aus solcher Vorsicht. Auch als Dirigent der eingeschlafenen, von Smetana seit 1869 wiedererweckten philharmonischen Abonnements-Konzerte war er darauf bedacht, das konservative Prager Publikum behutsam auf Neues vorzubereiten. Die Wiener Klassiker dominierten ganz, Schubert, Schumann, Mendelssohn vertraten als Hauptmeister die frühe Romantik, Berlioz, Liszt und Wagner (u. a. die Vorspiele zu den «Meistersingern» und zu «Tristan und Isolde») die Moderne; tschechische Musik war, außer durch verschiedene Tagesgrößen, mit einer frühen Dvořák-Symphonie und Smetanas Ouvertüren zur *Verkauften Braut* und zu *Libuše* vertreten.

Schon dies war Smetanas konservativen Gegnern zuviel. Unter ihnen wurde František Pivoda der einflußreichste – kein anderer machte dem Komponisten das Leben so sauer, kein anderer trug so zu seiner Vereinsamung bei. Pivoda (1824–1912) war ein unbedeutender Komponist, aber kein unbedeutender Kritiker. Aus dem verengten Blickwinkel seiner erzkonservativen Ästhetik, die ganz vom italienischen Belcanto ausging und in der neudeutschen Schule den Untergang aller Musik sah, war es nur konsequent, wenn er Smetanas Reifewerk strikt ablehnte. Er tat es allerdings mit zunehmend unfairen Mitteln und immer sturerer Verbohrtheit. *Die verkaufte Braut* hatte er noch begrüßt, sogar Smetanas Ernennung zum Kapellmeister des Interimstheaters bei den ihm nahestehenden Alt-Tschechen gefördert. Daß er eine Gesangsschule unterhielt und eine Zusammenarbeit mit dem Opernkapellmeister ihm zweckdienlich erschien, spielte sicher dabei mit, und ebenso dann die Enttäuschung, daß Smetana solche Hoffnungen nicht erfüllte. Der Rubikon war für Pivoda mit *Dalibor* überschritten. Zwar schwieg er sich nach der Premiere vorsichtig aus, aber 1870 blies er als Kritiker der Zeitschrift «Pokrok»

Otakar Hostinský

zum Generalangriff gegen Smetana. Er warf ihm vor, seine eigenen
Opern auf Kosten anderer tschechischer zu bevorzugen (was Smetana
leicht widerlegen konnte), bezeichnete *Dalibor* («für den am besten der
Name ‹Dalibor Wagner› paßte») als «lebensunfähige Ausländerei» und
bezichtigte «den Menschen Herrn Smetana», er mißbrauche die tschechische Oper als «Dienstmagd persönlicher Interessen». Smetana erwiderte tief verletzt und scharf, Pivoda replizierte, Smetanas Freunde
mischten sich ungeschickt in den Streit ein, der sich jahrelang hinzog und
am Ende Smetanas Stellung als Kapellmeister und dadurch auch seine
Gesundheit zerrüttete. Pivodas Einfluß war seit 1872, als ihm die Redaktion der früher von Smetanas Freunden beherrschten, maßgebenden
Zeitschrift «Hudební listy» zugespielt wurde, übermächtig geworden.
Die neugegründete Zeitschrift «Dalibor», mit dem jungen Hostinský als
federführendem Kritiker, stand daneben auf verlorenem Posten. Man
wird bei der Fehde Smetana–Pivoda an die Kämpfe Eduard Hanslicks
gegen den späten Wagner und Bruckner erinnern. Aber Pivoda, obwohl
ein Sachkenner und oft witziger Formulierer, erreichte nicht annähernd
Hanslicks Format.

Es mag sein, daß Pivoda wie auch der Kapellmeister Maýr, der von den Alt-Tschechen als Gegenspieler Smetanas bereitgehalten wurde, in ihrem Kampf gegen Smetana letztlich mehr persönlich als ästhetisch motiviert waren. Aber in den Jahren vor und nach 1870 verfilzte sich eben alles, Persönliches und Weltanschauliches, Künstlerisches und Politisches. «Wagnerianer» zu sein bedeutete in Deutschland vor allem etwas Musik- und Theaterästhetisches. Bei den Tschechen wurde das Wort «Wagnerianer» zum Vorwurf, zum Synonym für «Germanisator», wenn nicht gar für Verräter der nationalen Sache. Alles das hat man Smetana vorgeworfen. So grotesk es heute erscheint: aus den politischen und gesellschaftlichen Verhältnissen jener Jahre wird es verständlich.

Tschechen und Deutsche begannen sich Ende der sechziger Jahre in Böhmen immer schärfer auseinander zu leben. Was die Ungarn 1867 erreicht hatten, nämlich die staatsrechtliche Anerkennung im Rahmen der Monarchie (erst seit diesem Jahr trug sie das vielzitierte Vorzeichen «k. u. k.» = kaiserlich und königlich), strebten die Tschechen nun ebenfalls an. Die Alt-Tschechen unter Riegers Führung mit Mitteln der Verhandlung, die Jung-Tschechen aufmüpfiger – beide vergeblich. Die vom Kaiser Franz Joseph I. für 1871 verheißene Prager Krönung zum König von Böhmen, von den Tschechen als Bestätigung böhmisch-mährischer Eigenständigkeit begrüßt, wurde abgeblasen. Es blieb alles beim alten, unter wechselnden Regierungen, mal mit Verhaftungen, mal mit Amnestie, immer mit Deutsch-Wiener Dominanz. Smetana nahm am Zeitgeschehen lebhaft teil; seine privaten politischen Notizen zwischen 1868 und 1873 spiegeln es. *1869, Oktober: In Wien beginnt die Wendung für die Tschechen, als Ergebnis der böhmischen Wahlen. Sie wollen sich ausgleichen. Wir haben nur eine Antwort: das Recht der böhmischen Krone . . . 1870, Februar: Das neue Ministerium in Wien wurde ganz gegen die Tschechen gebildet . . . Lauter Tschechenfresser . . . November: Wahlen in den Wiener Reichsrath. Überall haben wir gewonnen. Sogar von den Großgrundbesitzern waren so viele auf der Seite der staatsrechtlichen Opposition, daß die Deutschen nur 7 Räte bekamen . . . 1871, Dezember: Bei der Wahl in den Wiener Reichsrath siegte bei der Partei der Großgrundbesitzer die föderative Partei, also die, die mit dem tschechischen Volk geht. Heil! – 1872, Januar: der Reichsrath in Wien ohne Tschechen, er wütet gegen die Tschechen . . . 1873, März: In Wien nahmen sie im Reichsrath eine Wahlreform an, d. h. allgemeines Stimmrecht für den Wiener Reichsrath. Die Deutschen jubeln, denn sie haben sich die Herrschaft über alle Völker in Österreich geschaffen. Vederemo!!!*[36]

«Sogar von den Großgrundbesitzern» – das soziale Engagement des Mittelstands-Bürgers Smetana deckt sich mit dem des tschechischen Patrioten, und beides beleuchtet die Situation der siebziger Jahre in Böhmen. Sie waren auch hier industrielle Gründerjahre. In den Städten, in Prag vorweg, entstanden aus früheren Dörfern am Rande Fabriksvororte, und die waren von Tschechen besiedelt, zugewanderten Bauernkindern. Prag, vor kurzem noch überwiegend deutschsprachig dank dem patrizisch-deutschen Kern, wurde nach und nach eine tschechische Stadt. Kulturell hielten sich noch lange utraquistische Relikte; wie hätte sonst der Deutschösterreicher Wenzig Vorsitzender der «Umělecká beseda», des tschechisch-national betonten Künstlervereins, werden können. 1883 wurden uralte Bande demonstrativ durchschnitten, als die Tschechen aus den historischen Räumen der Karls-Universität, der ältesten Alma Mater auf dem Boden des römisch-deutschen Reiches, auszogen und ihre eigene tschechische begründeten. Zuvor schon hatte die tschechische Emanzipation durch den Bau des Nationaltheaters ein bürgerlich-repräsentatives Zeichen gesetzt. Die Prager Erstaufführung von Wagners «Meistersingern von Nürnberg» (1871) war ein ganz und gar deutsches Kunstereignis, von den Tschechen eher beargwöhnt.

Auf diesem Hintergrund muß man die Kampfjahre gegen den «Wagnerianer» Smetana betrachten. Daß er als solcher mit ernstlichen Folgen diffamiert werden konnte, ist nur durch einen Wust von zeitbedingten Emotionen zu erklären. Wagnerisch zu sein bedeutete nicht nur neudeutsch-fortschrittlich zu sein im Sinne musikästhetischer Kategorien. Es bedeutete zugleich Gegnerschaft zu den Vorstellungen der Alt-Tschechen, die auf eine nebulose Folklore schworen, und Bekenntnis zu einem «fremden» Kunstprinzip. Die politisch reaktionären Alt-Tschechen, die den Ausgleich mit dem «deutschen» Wien, den nationalen Kompromiß anstrebten, wetterten zugleich künstlerisch gegen alle Überfremdung; die viel radikaleren Jung-Tschechen wiederum schlossen in ihre Fortschrittlichkeit auch die – zweifellos progressive – Wagner-Oper ein. Ein kurioses kulturhistorisches Schein-Paradoxon. Nicht für Smetana. Er war gleich selbstverständlich tschechischer Patriot, Wagner-Verehrer und Jung-Tscheche. In den kulturpolitischen Tageskampf ließ er sich jedoch nicht hineinziehen, letztlich zu seinem Schaden. Hätte er sich auch öffentlich dezidierter von dem «Wagnerismus» abgesetzt, den ihm Feinde diffamierend zur Last legten und Freunde auf die Fahne der Fortschrittlichkeit hefteten, er hätte sich sein Leben erleichtern können.

Otakar Hostinský tat ihm keinen guten Dienst mit seinem 1870 veröffentlichten, bewußt provokativen Essay «Der Wagnerianismus und die tschechische Oper». Er sollte, nach des Verfassers Absicht, Smetanas Oper fördern, schadete ihr jedoch in Wirklichkeit. Hostinský schrieb vom «unglücklichen Dualismus von Arie und Rezitativ» in der alten Oper, von der «Notwendigkeit von Wagners deklamatorischem Stil» und bekannte demonstrativ: «Wollen auch wir Tschechen auf der Höhe der modernen Kunst stehen . . . müssen wir den von Wagner erzielten Fortschritt auf dem Feld der dramatischen Musik uns aneignen; denn der ‹Wagnerianismus› ist nicht jenes grausame und entsetzliche, die Nationalität unserer Oper verschlingende und die ganze Kunst vergiftende Schreckgespenst, zu dem es – wenigstens in den Augen des Publikums – unsere Italianissimiso gerne machen würden.» Damit war Smetana, wie wohlmeinend auch immer, selbst von maßgeblicher Freundesseite als Wagnerianer abgestempelt. Er wollte das nie sein. Den zitierten Aufsatz, der viel Wirbel auslöste, hatte er nicht lanciert – freilich distanzierte er sich auch nie davon. Er griff um so weniger in den Wagnerianer-Streit ein, je persönlicher, bis zu gehässigen Anspielungen auf seine Krankheit, er von Pivoda und Genossen geführt wurde. Smetana glaubte, sein Werk allein werde für ihn zeugen. Seit er die Kritikerfeder aus der Hand gelegt hatte, vertraute er künstlerische Bekenntnisse fast nur seinen Freunden an. *Insofern die neudeutsche Schule den Fortschritt predigt, gehöre ich ihr an, im Uebrigen mir selbst, wenigstens bestrebe ich mich es so zu thun, wie ich es innerlich fühle!* hatte er schon vor der Komposition seiner ersten Oper ins Tagebuch geschrieben.[37] An dieser Grundeinstellung änderte sich bei ihm zeitlebens nichts Wesentliches. Charakteristische Äußerungen wurden schon anläßlich des *Dalibor* zitiert, und noch am Lebensende vertrat er dasselbe Prinzp: *Ich mache keinen berühmten Komponisten nach, ich bewundere nur ihre Größe und übernehme für mich, was ich als gut und schön in der Kunst und vor allem als wahrhaftig anerkenne. Sie kennen das schon lange von mir, aber andere kennen das nicht und glauben, ich führte den Wagnerismus ein!!! Ich habe genug zu tun mit dem Smetanismus, wenn dieser Stil nur ehrlich ist.*[38]

Wie ehrlich, dafür zeugt kein anderes Werk so entwaffend wie die Festoper *Libuše*, die nun wirklich die «wagnerischste» unter Smetanas acht Opern ist. Als er mit der Komposition begann, hatte er noch die Hoffnung, sie bei der in Aussicht gestellten Prager Königskrönung Kaiser Franz Josephs aufführen zu können. Dazu kam es dann nicht, und an andere Aufführungsmöglichkeiten war nach dem *Dalibor*-Fiasko gar nicht zu denken. Lieber verschloß Smetana die Partitur für Jahre in der Schublade, als daß er Konzessionen gemacht hätte. Neue Reisen zu Wagner-Premieren in München mochten ihn in der Richtigkeit seines einsamen Weges bestärken. Im Juli 1870 wohnte er den ersten Reprisen der «Walküre» und des ein Jahr zuvor – gegen den erbitterten Protest Wagners – uraufgeführten «Rheingolds» bei. *Über die Maßen schön* fand er die «Walküre»; nachher kam er mit dem Dirigenten Hans von Bülow und Liszt zusammen. Liszt versprach ihm einen Gegenbesuch und verwirklichte ihn auch im nächsten Jahr in Prag. Smetana spielte dem verehrten Freund aus der gerade entstehenden *Libuše* vor, und Liszt zeigte sich von deren harmonischen Kühnheiten besonders angetan: «Das hätte vielleicht nicht einmal Wagner zu schreiben gewagt.» Im nächsten Jahr reiste Smetana schon wieder nach München, um endlich «Tristan und Isolde» zu erleben. Er ging gleich zweimal zu den Aufführungen in die Hofoper, fasziniert und tief beeindruckt.

Vergeblich wird man «Tristan»-Imitationen in *Libuše* suchen – die Partitur ging ja damals auch schon der Vollendung entgegen. Smetana arbeitete vom Herbst 1869 bis November 1872 daran, sorgfältiger und länger als an jedem anderen Werk. Er verwendete mehrere Motive, die er schon 1861 in seinem Skizzenbuch notiert hatte, und feilte unermüdlich, vielfach umkomponierend. Das Libretto stammte wiederum von Wenzig; auch die patriotische Festoper der Tschechen basiert auf einem deutschen Text. Wenzig bot das Libretto Smetana schon kurz nach der Premiere der *Verkauften Braut* an. Aber damals war der Komponist ganz mit *Dalibor* beschäftigt. Der Libuscha-Stoff war ihm aus der böhmischen Sagenwelt wohlvertraut, die Ausführung sagte ihm um so mehr zu, als Wenzig in seiner Dramatisierung kein Opernlibretto alten Schlages, mit vorgeplanten Nummern, sondern ein festliches Spiel für Musik vorlegte, das Smetana zu einer Apotheose seines Vaterlandes ausgestalten konnte. Libuše, oder Libuscha, wie sie im Originaltext Wenzigs heißt, war die sagenhafte Gründerin der Stadt Prag und Gattin Přemysls, des Ahnherrn des ersten historischen böhmischen Herrschergeschlechts. Libuscha-Dramatisierungen gab es damals bereits mehrere. Die älteste ist wohl die opera seria von 1734 «Praga nascente da Libussa e Primislao» des Italieners Antonio Denzi; im 18. Jahrhundert spielte man in Prag auch ein deutsches Libussa-Schauspiel. Neuen Auftrieb gab die 1818 von dem Studenten Václav Hanka veröffentlichte «Grünberger Handschrift» mit einer angeblich mittelalterlichen Darstellung von «Libuschas Gericht». Sie wurde für Smetana viel bedeutsamer als Conradin Kreutzers und František Škroups unbedeutende Libuscha-Opern. Denn Wenzig stützte seinen Text auf Hankas – erst viel später als patriotisch-literarische Fälschung entlarvte – Version wie auf Hankas Gedicht von 1849 «Libuschas Weissagung».

Auch Grillparzers spätes Schauspiel «Libussa» schließt mit einer solchen Weissagung. Wenzig und Smetana konnten es nicht kennen, sie hätten den antidemokratischen Pessimismus dieser Prophetie auch nicht brauchen können. Grillparzer läßt Libussa zwar eine herrscherliche Zukunft ihres Volkes voraussehen, aber: «Der letzte Aufschwung ist's der matten Welt. / Die lang gedient, sie werden endlich herrschen, / Zwar breit und weit, allein nicht hoch, noch tief; / Die Kraft, entfernt von ihrem ersten Ursprung, / Wird schwächer, ist nur noch erborgte Kraft.» Wie anders, mit ungebrochenem Patriotismus, verkündet Wenzig–Smetanas Seherin Libuscha die Zukunft ihres Volkes! Im naiven Stil der Zeit werden auf der Bühne historische Tableaus entrollt. Vom Přemyslidenfürsten Břetislav über den Adeligen Jaroslav von Sternberg, der in die erlauchte Gesellschaft kommt wie Pilatus ins Credo, über Karl IV. und die Hussiten bis zum letzten tschechischbürtigen König Jiří z Poděbrad (Georg von Podiebrad). Solche «lebende Bilder» waren damals in Mode. 1869 vertonte Smetana selber für eine aristokratische Liebhaberauffüh-

Bühnenbild von der Uraufführung von «Libuše», 1881

rung eines namens «Libuschas Gericht»; die Musik ging verarbeitet in die Opernpartitur ein. Die Schlußworte, die Wenzig der Prophezeiung seiner Libuscha in den Mund legt, lauten: «Mein teures Böhmenvolk wird nicht vergeh'n, / Aus Grabesnächten herrlich aufersteh'n!» Was immer der national so tolerante Wenzig unter «Böhmenvolk» verstehen mochte, in der tschechischen Übersetzung, die wieder Špindler verfertigte, konnte nur von «český národ» die Rede sein, und da die tschechische Sprache zwischen «böhmisch» (im Sinne von: in Böhmen beheimatet, also auch die Deutschböhmen einschließend) und «tschechisch» (nur die Tschechen meinend) keinen Unterschied macht, war es für Smetana klar, daß die glorreiche Prophetie nur das tschechische Volk betreffen konnte.

Die Musik würde es ohnehin deutlich genug sagen: dieser Apotheose des Tschechentums, die in ein hymnisches Doppelchor-Finale mündet, ist der Rhythmus des mittelalterlichen Hussiten-Chorals «Die ihr Gottes Streiter seid» unterlegt, und der ist jedem Tschechen heilig.

Es störte Smetana nicht, daß Wenzigs Text dramaturgisch äußerst unzulänglich ist, bar aller psychologischen Tiefe, die Smetana bei Wagner bewunderte. Smetana wollte eine besondere, eine nationale Festoper für feierliche Anlässe schaffen – und das wurde die von ihm nicht «Oper», sondern *Festliches Singspiel* genannte *Libuše* ja auch. Zum ersten- und einzigenmal begab sich Smetana in die Bezirke des Mythos.

Allerdings nicht auf den philosophischen und theaterwunderreichen Pfaden Wagners. Die Figuren haben keinen weltanschaulichen Hintergrund, es sind im Grunde realistische Menschen, die nur von Smetanas vaterländischem Pathos überhöht werden. Der Text, den Špindlers Übersetzung womöglich noch verquollener, pseudopoetischer machte, dient nur als Vehikel weit minderen Ranges.

Die Handlung ist einfach. Libuscha, die als Tochter des sohnlosen Fürsten Krok hochgeachtet auf dem Wyschehrad herrscht, muß einen Erbstreit zwischen Brüdern, dem friedfertigen Šťáhlav und dem hitzigen Chrudoš, schlichten. Ihre Entscheidung, die Herrschaft zu teilen, lehnt Chrudoš mit beleidigenden Worten ab: von einer Frau nehme er kein Urteil an. Eifersucht hat dabei mitgespielt; Krasava liebt Chrudoš, hat aber leichtfertig seinem Bruder schöne Augen gemacht. Libuše, betroffen von dem Vorwurf, entschließt sich sofort, einen Gatten als Mitherrscher zu wählen. Der Bauer Přemysl, der sie längst verehrt, wird dazu ausersehen – und da er freudig annimmt und auch die beiden Brüder sich freiwillig versöhnen, könnte die Oper mit dem zweiten Akt zu Ende sein. Der letzte erschöpft sich, außer dem reuigen Kniefall des stolzen Chrudoš, in lauter Festlichkeit – eben jener für Smetana so wichtigen Schlußapotheose.

Libuše ist im Sujet Smetanas «tschechischste», im musikalischen Stil seine den Prinzipien Wagners nächste Oper. Auch wenn die Partitur, anders als *Dalibor*, außer den sehr wesentlichen Chören viele Ensembles (von Terzetten bis zu Sextetten) enthält, die freilich nie Eigenleben führen, sondern der Situation entspringen, so geht die Vertonung in der Verschmelzung durchkomponierter Auftritte und in der motivischen Rolle des Orchesters weit über den *Dalibor*-Stil hinaus. Hatte Smetana dort aus einer monothematischen Urzelle auch Gesangsmelodien abgeleitet, so beherrschen jetzt mehrere, mit den Figuren verbundene Leitmotive («charakteristische Motive», wie die tschechische Smetana-Literatur es differenzierend ausdrückt), als orchestrale Struktur die jeweiligen Szenen. Der Gesang ist ganz aus der Sprachmelodie entwickelt. Selbst wo Smetana – seinem Lieblingsbariton Lev zuliebe, dem ersten Přemysl – ausnahmsweise eine liedartige Einlage gestattet (den Gesang an die Linden, die Symbol-Bäume der Tschechen), selbst dort bleibt die rezitativische Wurzel des Gesangs spürbar. Das lyrische Schnitter-Quartett, die Bauernpolka sind ähnliche, unbedeutende Ausnahmen im *Libuše*-Stil. Die vokale Dominante bildet vielmehr ein hochpathetisches, den Wendungen des Textes getreu folgendes Deklamato. Nie vorher und nie nachher hielt sich Smetana so konsequent an die Prinzipien, die er bei Wagner studiert hatte, auch um den Preis der melodischen Spontaneität, die in seinen heiteren Opern, und noch in *Dalibor*, so besticht.

Seine Anhänger, Hostinský vor allem, rühmten die sprachgenaue Deklamation der *Libuše* als besondere Errungenschaft. Das war natürlich aus dem zeitbedingten Wagner-Blickwinkel gesehen, bedeutete jedoch für die gesamte Entwicklung der tschechischen Vokalmusik tatsächlich ein äußerst wichtiges, wegweisendes Novum. Daß die tschechische Sprache alle Wörter, ohne jede Ausnahme, auf der ersten Silbe betont, wurde bis dahin keinesfalls als bindend für die Akzentsetzung bei Vertonungen anerkannt. Das tschechische Volkslied, das seine musikalischen Schwerpunkte ganz nach Belieben setzt, ohne Rücksicht auf die Alltagssprache, und sehr oft Quantitäten betont, galt lange Zeit als vorbildlich auch für die Kunstmusik. Noch in der *Verkauften Braut* folgt Smetana diesen Quantitäts-Akzenten, wenn er zum Beispiel den Hans «můj Jeníčku», mit Betonung auf dem í statt auf dem e, ansingen läßt, oder in *Dalibor* gar kurze Endsilben akzentuiert («Milado» oder «Život», beide Male mit Schwerpunkt auf dem o). Die Beispiele könnten verhundertfacht werden. Otakar Hostinskýs und Eliška Krásnohorskás (Smetanas späterer Librettistin) Aufsätze über die richtige musikalische Deklamation – nämlich: die dem kopflastig betonten tschechischen Wort und nicht seinen langen Vokalen folgende – gaben Smetana zu denken und bestätigten ihn noch auf seinem bisher schon instinktiv beschrittenen Weg zur natürlichen Sprachmelodie.

In *Libuše* wird sie zum geschmeidigen Ausdrucksmittel; halb Rezitativ, halb Arioso, selten so großintervallig wie beim späten Wagner, eher kantabler, als freier vokaler Kontrapunkt in den oft mehrstimmigen motivischen Orchesterteppich eingeflochten. Die plastischsten Leitmotive werden schon in der sogenannten «Einleitung» vorgestellt: die majestätische Bläser-Fanfare des imitierend zerlegten C-Dur-Dreiklangs, das feierlich schreitende Motiv Libuschas und das rhythmitisierte Přemysls, die programmatisch-symbolisch miteinander verwoben werden. In der symphonischen Variierung der Personalmotive bleibt *Libuše* hinter *Dalibor* zurück. Doch zeigt sich gereifte Meisterschaft im Bau großer Szenen wie der von Krasavas Reue und der folgenden Versöhnung im zweiten Akt, auch in der vielfach polyphonen Überlagerung mehrerer Stimmen.

Die bei voller Gesundheit fertiggestellte «Libussa» betrachte ich als mein gelungenstes Werk auf dem Gebiete des höheren Dramas, und wie ich ausdrücklich betonen möchte, als ein ganz selbständiges Werk («weder Wagner, noch Offenbach») . . . Musik und Deklamation nehmen beide den ihnen logisch zukommenden Platz ein.[39] So beurteilte Smetana selber seine Festoper, bevor er sie noch auf der Bühne erlebt hatte. Gehört hat er sie nie, nur die mehrfachen konzertanten Aufführungen des Vorspiels, die starken Beifall fanden, wie auch drei gleichfalls konzertant gesungene Einzelszenen. Fast neun Jahre nach der Vollendung der Partitur – ein Klavierauszug kam schon 1875 heraus – mußte er warten, bis endlich das Nationaltheater fertig war und *Libuše* zur Einweihung am 11. Juni 1881 uraufgeführt wurde. Sein stolzester Tag – jedoch weder vom Jubel des festlich gestimmten Publikums noch von seiner eigenen Musik vernahm er auch nur einen Ton: er war völlig taub. Smetanas eigenes Urteil über *Libuše* haben sich praktisch alle tschechischen Smetana-Interpreten zu eigen gemacht. Mängel des Librettos und der Übersetzung werden zugegeben, das Werk als Ganzes wird jedoch als etwas völlig Einzigartiges, das keine andere Opernkultur aufweist, gefeiert. Janáčeks ziemlich eingehende, im Ton fast sarkastische Kritik von 1909, die auch Smetanas Musik und dramatische Fähigkeit angreift («. . . Theaterhelden. Marionetten am Band . . .»), steht in neuerer Zeit ganz vereinzelt da. Vielleicht gerade darum, weil das Ausland, so gern es sich an der *Verkauften Braut* entzückt, von der *Libuše* gar nichts wissen will, preisen die tschechischen Smetanalogen ihre Unvergleichlichkeit. Sie ist bis heute das geblieben, als was sie von ihrem Schöpfer bestimmt war: die nationale Fest- und Feieroper zu besonderen Anlässen, nicht fürs Repertoire bestimmt.

Schon im Ersten Weltkrieg erfüllte sie diese patriotische Funktion fürs theaterfreudige Bürgertum, und die sozialistische Tschechoslowakei huldigt ihr nicht minder.

Im Juni 1939, kurz nach Hitlers Einmarsch in Böhmen und Mähren, standen die Besucher während der Apotheose auf und sangen schließlich, so wie es einst Wenzig in seinem Libretto gewünscht (und Smetana dann abgelehnt hatte), die tschechische Nationalhymne «Kde domov můj».[40] Die Oper als Politikum: seit Aubers «La Muette de Portici» zum Auslöser der Revolution in Brüssel wurde, und seit den patriotischen Demonstrationen bei den frühen Opern Verdis, wurde diese Möglichkeit des musikalischen Theaters nicht mehr so klar bestätigt. Daran ändert auch nichts der Widerspruch zwischen ausländischen Kritiken, die in dem Werk eine dramaturgisch schwache, musikalisch sehr gut gearbeitete, aber weniger inspirierte Smetana-Oper sehen, und der superlativischen Einschätzung durch tschechische Smetanalogen.

Während Smetana die Partitur der *Libuše* in der Schublade verschloß, nur dann und wann Freunden Einblick gebend und auf bessere Zeiten hoffend, begannen für den ausübenden Künstler, den Kapellmeister, schlechtere Jahre. Seine alt-tschechischen Kritiker wurden nicht müde, ihn zu tadeln; der Komponist resümierte dies so: *Die Zeitung «Politik» bemühte sich seit dem Jahre 1872 nach Kräften, meine Absetzung als Kapellmeister durchzusetzen, und veröffentlichte jedes halbe Jahr Artikel oder Kritiken, die gegen mich gerichtet waren. Was man nur Nachteiliges ausdenken konnte, wurde alles angeführt, um mir nur ja meine Stellung zu untergraben: ich war ein «schlechter Kapellmeister», ein «schlechter Dirigent und Opernchef», als «Direktor war ich ohne Energie» und «demoralisierte» also die Oper. Den jüngeren Komponisten stand ich im Wege und verhinderte die Aufführung ihrer Werke. Ich dirigiere angeblich wenig, die Opernaufführungen sind schlecht, alles ist in vollem Niedergang und deshalb müsse ich unbedingt einem energi-*

Antonín Dvořák,
um 1869

scheren Kapellmeister – und zwar wieder Herrn Maýr, der sich so
bewährt habe – Platz machen.[41] Die Bitterkeit ist verständlich. In Wirklichkeit florierte die tschechische Oper im Interimstheater, Sänger und
Orchestermusiker brachten dem angefeindeten Kapellmeister mehrfach
demonstrative Huldigungen dar, und der sogenannte «Germanisator»
führte keine einzige Wagner-Oper, ebenso viele deutsche wie seine
Vorgänger und insgesamt zweihundertdreiundzwanzigmal Opern tschechischer Autoren auf. Das hat Hostinský aufgezählt. Daß ein Drittel
davon Smetana-Opern waren, mit der unvergleichlich populär werdenden *Verkauften Braut* an der Spitze, erscheint eher zu wenig, wenn man
sich vor Augen hält, daß ein Meisterwerk wie *Dalibor* unter Smetanas
Ägide nur elfmal, längst vergessene Nichtigkeiten wie Šebors «Draho-
míra» und Rozkošnýs «Svatojanské proudy» hingegen je neunzehnmal
gegeben wurden! Auch in den Philharmonischen Konzerten pflegte
Smetana die zeitgenössische tschechische Produktion. Den jungen
Dvořák führte er, anfänglich gegen den Widerstand des Orchesters,
überhaupt erst als Orchesternovizen ein.
  Als man 1872 Schauspiel und Oper am Interimstheater trennte und

dem Kapellmeister die «unumschränkte Führung der Oper» ohne entsprechende Kompetenzen aufhalsen wollte, witterte Smetana aus gutem Grund Unheil und drohte mit Rücktritt. Eine Adresse zu seinen Gunsten, die praktisch alle maßgebenden Persönlichkeiten des Prager Musiklebens, darunter die Komponisten Dvořák und Fibich, daraufhin unterzeichneten («. . . Was Smetana für unsere heimische Musik schlechtweg bedeutet, das bedeutet er in doppeltem Maße für unsere dramatische Musik . . .»), brauchte gar nicht mehr eingereicht zu werden; Anfang 1873 wurde sein Kapellmeistervertrag erneuert, das absurd niedrige Gehalt auf 2000 Gulden erhöht. So ermutigt setzte Smetana einen alten Plan in die Wirklichkeit um, nämlich die Gründung einer Opernschule für den Sängernachwuchs. Das erste öffentliche Konzert fand viel Beifall. Inzwischen gingen jedoch die Intrigen weiter, der konservative Kapellmeister Maýr wurde von der alt-tschechischen Partei neuerlich gegen ihn auf den Schild gehoben. Die Vorwürfe, er leiste auch als Komponist nichts mehr, entkräftete Smetana auf die nobelste, die schöpferische Art: mit der neuen Oper *Dvě vdovy* (*Zwei Witwen*).

Eine komische Oper, in der Erstgestalt singspielartig, mit gesprochenen Rezitativen. Einen radikaleren Stilumschwung – eben erst war die hochpathetische, symphonisch durchkomponierte *Libuše* vollendet worden – findet man in Smetanas ganzem Lebenswerk nicht. Wollte er überhaupt aufgeführt werden, mußte er Konzessionen machen. Unkünstlerisch wurde das Werk nicht, eine Imitation der *Verkauften Braut*, die ihm gewiß Erfolg gesichert hätte, ebenso wenig. Vielmehr etwas ganz Neues. Eine Oper *im distinguierten Salonstil* (so Smetanas Worte) gab es tatsächlich noch nicht. Ja, es gab damals noch nicht einmal in der tschechischen Wirklichkeit den distinguierten Salon, in dem Smetana seine aristokratischen zwei Witwen und den ebenso noblen Freier Konversation und edle Gefühle pflegen läßt. Auf dem Umweg übers deutsche Theater – was man dem «Germanisator» prompt wieder zum Vorwurf machte – war auch die Quelle dieser Saloneleganz nach Prag gelangt, nämlich ein Lustspieleinakter des französischen Dutzendautors Félicien Mallefille, die der Komponist 1868 in der Übersetzung von Emanuel Züngel gesehen hatte.

Eine recht simple Geschichte. Auf einem Adelsgut – Smetana ließ es aus Frankreich nach Böhmen versetzen – leben zwei junge, reizvolle Witwen: die energische Karoline, fast eine emanzipierte Dame, und die schwerblütige Agnes, die glaubt, ihrem toten Gatten ewige Treue schuldig zu sein. Der Gutsnachbar Ladislav, der sie liebt, schleicht sich mit einem Trick ins Schloß ein: er läßt sich von dem biederen Brummbär Mumlal, dem Heger, als Wilderer verhaften und macht als Ehrengefangener des Schlosses Agnes den Hof. Sie erwidert insgeheim seine Liebe, aber ehe es zum guten Ende kommt, muß erst ihr Witwenpanzer durch eine von der listig-gütigen Karoline inszenierte Eifersuchtskomödie durchbrochen werden. Das ist weder aufregend oder originell noch in der tschechischen Versifikation so geistreich, wie es eine musikalische Salonkomödie eigentlich sein sollte. In der Wahl Züngels (1840–92) zeigt sich das ganze Elend der Smetana-Librettistik; aber der Komponist hatte offenbar keine Auswahl. Züngel war ein zweitklassiger Literat, Übersetzer, Journalist und Tagesschriftsteller, der sein Leben so mühsam fristete wie Sabina, aber nichts von dessen Talent besaß. Wo er witzig sein soll, bleibt er platt, und wo er vornehm parlieren muß, wird er komisch. Desto bewundernswerter erscheint es, wie Smetana diese textlichen Unzulänglichkeiten sublimierte.

Die Oper *Zwei Witwen* ist mit leichtester Hand hingeworfen – Smetana arbeitete vom Sommer 1873 bis zum Januar 1874 daran –; die Premiere am 27. März 1874, von Smetana sorgfältig vorbereitet, wurde ein rauschender, aber kein nachhaltiger Erfolg. Eine neue *Verkaufte Braut* hatte man erwartet; die Finesse dieser aristokratischen Musikkomödie verstanden nicht einmal alle Smetana-freundlichen Rezensenten, und die zwiespältige Kritik trug dazu bei, daß das Publikum bald ausblieb. Pivoda war wieder der giftigste Kritiker. Daß er das Libretto bemängelte, ist begründet; daß er jedoch selbst in dieser Nummernoper «Wagners Prinzipien» und einen «Hauptanteil des Orchesters, das das erste Wort führt» glaubte anprangern zu müssen, entlarvt sektiererische Voreingenommenheit. In Wirklichkeit ist dies Smetanas Wagner-fernste, mozartischste Oper. Auch in der 1877 vorgenommenen Umarbeitung – zwei Buffo-Figuren, Lidka und Toník, einige Nummern, und vor allem die gesungenen Rezitative wurden hinzugefügt – bleibt dies Smetanas eleganteste Partitur, der opéra comique im Genre verwandt, aber durch sehr persönliche Zutaten (eine saftige Polka, ein eingestreutes Melodram im zweiten Akt, die gefühlspathetische Szene und Arie der Agnes) unverwechselbar in Smetanas Landschaft entrückt. Gegenüber der deftigen Komödiantik der *Verkauften Braut* ist die Komik von *Zwei Witwen* verfeinert, wie es ja auch der Schritt vom Dorfplatz auf die Terrassen eines ländlichen Schlosses bedingt. Aber es ist eben ein Schloß in Böhmen, wo zwischen goldenen Weizenfeldern Polken und gesangsselige Melodien gedeihen. Eine Ensemble-Oper par excellence, von dem brillanten A-Dur-Duett der beiden Witwen bis zu einem wirbelnden Staccato-Quartett, und zugleich eine dankbare Arien-Oper. Die nachkomponierte Arie des Freiers Ladislav *Kdy zavítá máj* [Wunderschöner Mai] ist, obwohl Smetanas eigene Erfindung, fast ein Volkslied geworden – er hat es selber hellsichtig prophezeit. Hier zeigt sich, obwohl Smetanas Melodik meist komplizierter und orchesterabhängiger ersonnen ist als etwa die Dvořáks, die folkloristische Wurzel. Der melodische Duktus der genannten Mai-Arie ähnelt dem Volkslied «Hajej, můj andílku», das Smetana später in der Oper *Der Kuß* verwertete, und selbst die symphonische Struktur der *Libuše* wird im Motiv des sanften Šťáhlav davon geprägt.

Kdy zav – ví – tá   lás – ky čas,

Ha – jej,   můj   an – dí – ku,

Vsoud   váš   pe – vnou   ví – ru

Zwei Witwen war die erste Oper Smetanas, die auf eine deutsche Bühne gelangte. Die Aufführung 1881 am Stadttheater in Hamburg wurde beifällig aufgenommen, hatte aber keine weiteren Folgen, obwohl Hans Richter die Oper als beste des 19. Jahrhunderts pries und auch Mahler und Richard Strauss sie später hochschätzten. Smetana hatte nicht viel Freude an der Hamburger Aufführung. Er mußte sich mit der unsangbaren und verfälschenden Bearbeitung von Roderich Fels einverstanden erklären, die aus zwei Akten drei machte und die Handlung in die Provence verlegte. Wütend protestierte Smetana, als er davon erfuhr: *Die Herren möchten aus meiner Oper eine – Posse mit Musikbegleitung machen à la Lequoic (oder Lecoque?), Délibes, Offenbach, u. s. w. ... Ich protestiere gegen die Verlegung der Handlung von Böhmen nach Frankreich. Meine Musik ist eine rein tschechische Musik und paßt einzig und lediglich zu einer Handlung in Böhmen ... Ich verbitte mir jederlei Zurechtmachung der Abgänge auf Applaus und Hervorrufe ... Was die Handlung betrifft, verlange ich, daß in den Kostümen die Gegenwart beibehalten und nicht die Rokokozeit ins Leben zurückgerufen werde, in der noch alles Narrenpossen und Liebeleien trieb ...*[42] Der Vorgang ist gleicherweise bezeichnend für die Unterschätzung Smetanas – den man ja in Deutschland noch nicht als Meister der *Verkauften Braut* kannte – wie für des Komponisten kompromißloses Selbstbewußtsein. Nach den Hamburger Erfahrungen begrub er seine Hoffnungen auf deutsche Bühnen. Das finanzielle Ergebnis war zudem deprimierend genug: 78 Mark Tantiemen aus vier Vorstellungen und 500 Mark für die Vergabe der Rechte, was der lächerlichen Summe von 336 Gulden entsprach!

Im Frühjahr 1874 hatte Smetana die große Freude, seine zwanzigjährige Tochter Žofie, aus erster Ehe, mit dem Forstmeister Josef Schwarz (trotz seines Namens ein Tscheche) zu verheiraten. Er konnte noch nicht ahnen, wie bald sich beide als wahrhaft existentielle Stützen für den ganzen Rest seines Lebens erweisen sollten! Die Angriffe von der Seite der alt-tschechischen Partei begannen von neuem, Smetana erwiderte und verwahrte sich gegen «Ehrabschneidereien». Er fühlte, daß seine Gesundheit, seine Nerven den Intrigen auf die Dauer nicht gewachsen sein würden. Nach jahrelanger Pause begann er plötzlich wieder Klavier zu üben, bis zu acht Stunden täglich. Er wollte für den Fall vorsorgen, daß er als Kapellmeister und Komponist brotlos würde, spielte als Solist in einem Festkonzert zum 100. Geburtstag Václav Jan Tomášeks und plante eine Virtuosen-Tournee nach Rußland. Auch der Komponist entwarf neue Pläne und begann sie bereits auszuführen: als größten den eines tondichterischen Orchesterzyklus, an deren ersten Teilen *Vyšehrad* [Wyschehrad] und *Vltava* [Die Moldau] er bereits seit Ende 1872 arbeitete, und zwar unter immer größeren nervlichen Belastungen. Zu Smetanas Neurasthenie traten seit Juli 1874 Gehörstörungen (*Ich habe zeitweise verlegte Ohren und gleichzeitig dreht sich der Kopf, als hätte ich Schwindelanfälle. Das Uebel begann nach einer kleinen Entenjagd, während welcher sich das Wetter plötzlich veränderte*). Zwei Monate später mußte Smetana dem Vorsitzenden der Theatergenossenschaft Dr. Antonín Čížek mitteilen: *Es ist meine Pflicht, Sie von dem harten Schicksalsschlag zu unterrichten, der mich betroffen hat: es ist zu befürchten, daß ich vielleicht mein Gehör einbüße. Schon im vergangenen Juli, gleich nach der öffentlichen Probe, bemerkte ich, daß ich in einem Ohre die Töne der höheren Oktaven anders gestimmt höre als im anderen Ohre und daß es mir zeitweise in den verlegten Ohren zu brausen beginnt, als stünde ich in der Nähe eines starken Wasserfalles. Dieser Zustand änderte sich ständig, aber schon Ende Juli blieb es permanent, und es traten Schwindelanfälle hinzu, so daß ich zu schwanken begann, und mich beim Gehen nur mit Anstrengung im Gleichgewicht erhalten konnte. Das waren traurige Ferien! Ich eilte nach Prag zurück, um mich von Dr. Zoufal, dem berühmten Ohrenspezialisten, behandeln zu lassen. Ich stehe bis heute in seiner Behandlung. Er untersagt mir jedwede Tätigkeit in der Musik; ich darf nicht spielen und darf und kann auch niemand spielen hören. Große Tonmassen verdichten sich mir zu einem Knäuel und ich kann die einzelnen Stimmen nicht auseinanderhalten. Und so bitte ich Sie denn, Herr Doktor ... mich auf unbestimmte Zeit meiner Verpflichtung, zu dirigieren und Proben abzuhalten, entheben*

Smetanas Tochter Žofie

zu wollen, da ich diesen Dienst vorläufig nicht versehen kann. *Wenn sich mein Zustand im Laufe des weiteren Vierteljahres verschlimmern sollte, wäre ich gezwungen, wie es sich von selbst versteht, meine Stellung im Theater aufzugeben, und mein trauriges Los auf mich zu nehmen . . .*[43] Ein erschütternder Brief, gewissermaßen Smetanas «Heiligenstädter Testament». Sachlicher, niederschmetternder. Denn die Befürchtungen wurden schon wenige Wochen danach grausame, unentrinnbare Wirklichkeit: in der Nacht vom 19. auf den 20. Oktober 1874 wurde auch das andere Ohr taub. Beethovens Krankheit ereilte Smetana mit einem Schlag, einem wahren Schicksalsschlag. Beethoven hatte mehrere Jahre

Zeit, sich an den Verlust des Gehörs zu gewöhnen. Smetana wurde von einem Tag zum andern völlig taub.

Bis dahin hatte sich Smetana gewehrt. *Gerade diese Lügen und unverschämten Ehrabschneidungen waren für mich eine Verpflichtung mehr, nicht zu weichen, und im Gegenteil auszuharren* . . . Gemeint war ein Angriff der alt-tschechischen, deutsch geschriebenen Zeitung «Politik» vom September 1874, der geradezu brutal erscheinen muß, weil die Erkrankung Smetanas natürlich bekannt geworden war, und weil hier mitleidslos Tagespolitik – die Ablösung Smetanas durch Maýr – vor Humanität gestellt wurde: «Das also ist die erste Persönlichkeit, die das tschechische Theater als Versorgungsasyl betrachtet, als Invalidenhaus, als pathologisches Institut.»

Erst nach der völligen Ertaubung kapitulierte Smetana. Er legte das Kapellmeisteramt zum 31. Oktober 1874 nieder; Jan Maýr, der Mann mit dem Korporalstock, wurde Direktor, Adolf Čech (mit eigentlichem Namen Taussig) Kapellmeister. Daß die Theatergenossenschaft Smetanas langjährige Verdienste immerhin anerkannte, indem sie ihm ein jährliches Salär von 1200 Gulden aussetzte, gegen die Verpflichtung, seine Opern künftig dem Theater unentgeltlich zur Verfügung zu stellen, mußte der vor dem Nichts stehende Smetana als *großmütige Tat des löblichen Konsortiums* dankend annehmen – obwohl er, schon wegen der ständig wachsenden Kasseneinnahmen der *Verkauften Braut*, dabei das wesentlich schlechtere Geschäft machte. Smetana konnte jetzt nicht mehr dirigieren, nicht mehr Klavier spielen, nicht einmal mehr Klavierstunden geben. Aber er konnte noch komponieren. In der Dunkelheit der Taubheit reiften die Partituren seines orchestralen Meisterwerkes, des Zyklus *Má vlast* (*Mein Vaterland*). Die Uraufführung der ersten beiden Teile, *Vyšehrad* am 14. März und *Vltava* am 4. April 1875, fand ein begeistertes Publikum. Ein einziger im Auditorium hörte keinen Ton: der Komponist. Im selben Jahr bereicherte er sein Klavieropus um die ersten Teile des Zyklus *Rêves*.

Die Behandlung durch Dr. Zoufal brachte keinerlei Besserung. Man riet Smetana, sich an einen Ohrenspezialisten in Würzburg zu wenden. Er war viel zu arm, um auch nur die Reise zu erschwingen. Freunde halfen. Böhmische Adelige mit zwei Wohltätigkeitskonzerten, die alte schwedische Freundin Fröjda Benecke-Rubenson, die er förmlich anbetteln mußte, mit 1244 Gulden. Smetana konnte im Frühjahr 1875 nach Würzburg reisen, aber dort vermochte die Kapazität, Professor Tröltsch, so wenig zu helfen wie ein paar Wochen später der Spezialist Dr. Adam Politzer, den Smetana in Wien konsultierte. Er war und blieb taub. Die Prager Ärzte wußten keinen Rat als: völlige Ruhe.

Auch ohne diese dürftige ärztliche Weisheit hätte die nackte Not Smetana gezwungen, ländliche Ruhe aufzusuchen. Prag war zu teuer. Im Juli 1875 verließ Smetana mit seiner Familie die böhmische Hauptstadt,

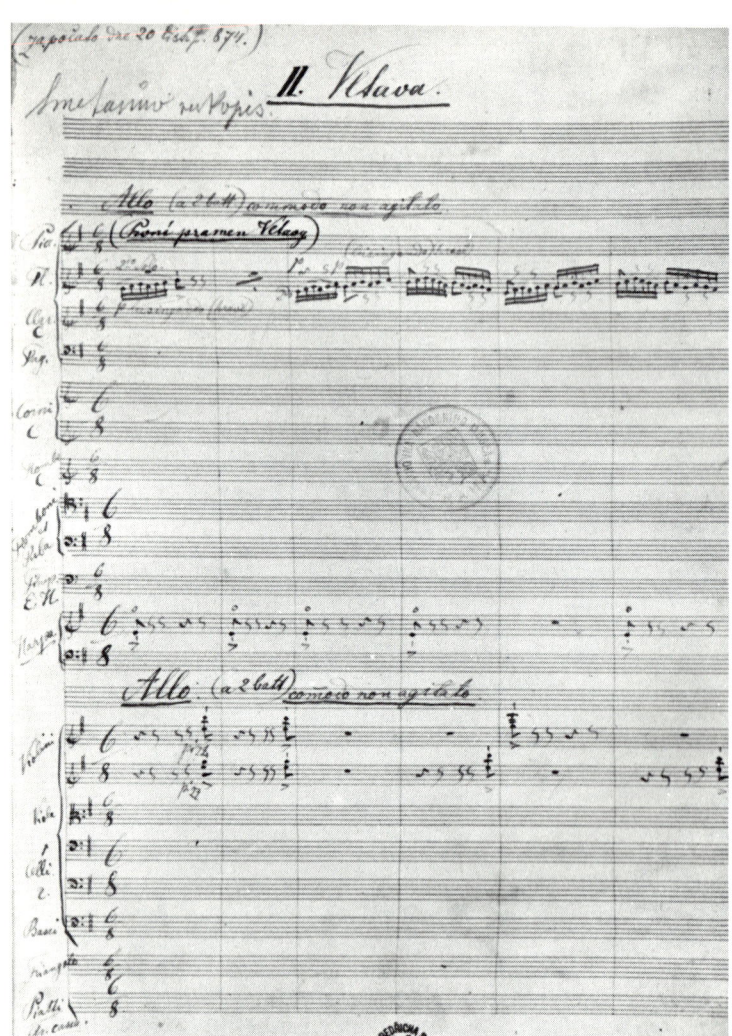

Anfang der Partitur zur «Moldau»

die er eben erst so einzigartig in Tönen verherrlicht hatte, und begab sich ins Forsthaus von Jabkenice, wo Tochter und Schwiegersohn – er stand als Oberförster im Dienst des Fürsten Thurn-Taxis – ihn willkommen hießen. Dort, in ländlicher Einsamkeit, verbrachte er den Rest seines Lebens. Smetanas letztes Lebenskapitel begann. Es wurde ein Triumph des Geistes über die Widrigkeiten der Materie.

1875

DER TAUBE TRIUMPHATOR

Jabkenice ist ein winziges Dörfchen nördlich der Elbe, etwa 60 Kilometer von Prag gelegen, inmitten von Hügeln und Wäldern. Sein stattlichster Bau, das Forsthaus, liegt am Rande, und auch das ist nur ein schlichtes, einstöckiges Haus. Es steht noch so da wie vor hundert Jahren. Jetzt ist es als Smetana-Museum eingerichtet. Im großen Wohnraum des ersten Stockes: der schwarze Flügel, an dem der taube Smetana spielte, in der Familie «der Ullrich» genannt (die deutsche Prager Klavierfirma ist längst eingegangen), und eine Sitzecke. Nebenan ein schmaler Raum, jetzt nur noch mit dem kleinen Schreibtisch bestückt, an dem die bedeutendsten Meisterwerke – nächst der *Verkauften Braut* und *Dalibor* – in

Das Forsthaus in Jabkenice

Das Forsthaus, von Betty Smetana gemalt

der klaren, peniblen Notenschrift Smetanas zu Papier gebracht wurden: die Opern *Der Kuß* und *Das Geheimnis*, der zweite Teil des Zyklus *Mein Vaterland*, das Streichquartett *Aus meinem Leben*. Eine enge Welt für einen weiten Geist. Draußen war sie reicher, freier. Man kann noch heute die kilometerlangen Wege des Wildparks nachschreiten, die Smetana tausendmal durchwanderte. Tiefe Mischwälder mit damals schon uralten Baumriesen, mehrere Fischteiche, ein hölzerner Pavillon am Ufer. Hügel, von denen man weit ins fruchtbare, ebene böhmische Land schauen kann. Verträumte Einsamkeit noch heute, eine weltentrückte Idylle von sanfter Bezauberung. Hier erlebt man, was *Böhmens Hain und Flur* wirklich bedeutet: konnte diese von der geheimen Melodie einer einfachen Landschaft so wunderbar einfach erfüllte Tondichtung anderswo ersonnen sein? Das jauchzende Lerchen-Lied aus *Der Kuß* anderswo als hier an einem Frühlingstag, wenn die Kirschen ums gelbe Forsthaus blühten und leuchteten?

Der Städter Smetana war an Theater, Kaffeehaus, Salons, Geselligkeit gewöhnt. Jetzt zwang ihn die Not, Trost in der Natur zu suchen. Nicht daß es in der ländlichen Abgeschiedenheit an Leben gefehlt hätte. Zwei Familien, er selbst mit Frau und zwei kleinen Töchtern und das Ehepaar Schwarz mit nach und nach vier Kindern, zwei Forstadjunkte und Dienst-

Smetanas Arbeitszimmer. Im Nebenraum der Flügel «Ullrich»

Badeteich in Jabkenice

boten bewohnten das Haus. Es ging fröhlich zu, man feierte die Feste ausgiebig, man ging gemeinsam in den Teich baden. Smetana liebte die Kinder und wurde von allen mit Liebe und Respekt behandelt – aber wie mühsam war doch jedwede Unterhaltung, weil er sich alles Wichtige aufschreiben lassen mußte, und wie deprimierend fühlte er, daß Betty sich ihm immer mehr entfremdete! Nein, eine Idylle waren die Jahre in Jabkenice für Smetana nicht. Eher, alle frohen und sonnigen Stunden eingerechnet, eine Zeit stiller, heroischer Resignation. *Wenn meine Krankheit unheilbar ist, wünschte ich, von diesem leidvollen Dasein bald erlöst zu werden,* vertraute Smetana an seinem 52. Geburtstag dem Tagebuch an, im Frühling 1876, als er an seiner sonnigsten, frühlingshaftesten Oper arbeitete![44] Damals glaubte er noch an Heilung, sechs Jahre später nicht mehr: *Glauben Sie mir, daß ich allen Mut und alle Manneskraft aufwenden muß, um nicht der Verzweiflung zu verfallen und meinen Qualen gewaltsam ein Ende zu machen! Nur der Gedanke an meine Familie und das Bewußtsein, weiter für mein Volk und Vaterland arbeiten zu müssen, erhält mich am Leben, und spornt mich zu neuer Arbeit an!*[45] Leiden, Krankheit, Qualen: *Die Taubheit wäre verhältnismäßig noch ein erträglicher Zustand, wenn es dabei im Kopfe still bliebe. Die größte Qual bereitet mir jedoch das fast ununterbrochene Getöse im Innern, das mir im Kopfe braust und sich bisweilen bis zu einem stürmischen Rasseln steigert. Dieses Dröhnen durchdringt ein Gekreische von Stimmen, das mit einem falschen Pfeifen beginnt und bis zu einem furchtbaren Geschrei ansteigt, als ob Furien und alle bösen Geister mit wütendem Gekreische auf mich losfahren würden. In diesen höllischen Lärm mischt sich dann das Geschmetter falsch gestimmter Trompeten und anderer Instrumente, und das alles übertönt und stört meine eigene Musik, die in mir gerade aufklang oder aufklingt. Es bleibt mir schließlich nichts anderes übrig als meine Arbeit aufzugeben. Of denke ich verzweifelt, wie das mit mir enden wird ...*[46]

Es gab in Jabkenice natürlich nicht nur solche tristen Stunden. Am schlimmsten waren die Winter, wenn die Natur in Kahlheit erstarrte, die Einsamkeit Smetana niederdrückte. Besucher blieben recht selten. Der getreue Josef Srb-Debrnov, Musik-Manager in Prag, insbesondere beim bedeutenden Gesangverein «Hlahol», wurde gewissermaßen des Komponisten Privatsekretär in der Hauptstadt und kam so oft wie möglich, auch die Brüder Jiránek, der Freund Hostinský, der Kapellmeister Čech; selbst die meist deutschen Geschäftspartner des Schwiegersohnes Schwarz, Holzaufkäufer aus Nordböhmen oder Bayern, wurden als willkommene Abwechslung begrüßt. Smetana fuhr, um dem Einerlei zu entgehen, gern auf den försterlichen Dienstfahrten mit, ließ sich aufs Schloß in Neu-Benatek einladen, besuchte, so oft er konnte, Prag. Aber 60 Kilometer zu überwinden, das war damals eine wahre Expedition. Die Prager Eisenbahn fuhr nur bis Nimburg an der Elbe, dann mußte man in einen stets vollgepferchten Postwagen umsteigen und den einstündigen Rest zu Fuß absolvieren, wenn nicht Schwiegersohn Schwarz mit seinem Wagen aushelfen konnte.

Smetana war nicht freiwillig aufs Land gegangen. Als er im Sommer 1875 seine Familie nach Jabkenice schickte, hoffte er noch auf eine Existenz in Prag. Er verbrachte den Sommer mit den Seinen, ging aber dann in die geliebte Stadt Prag zurück, konferierte verzweifelt, sich demütigend, mit der Genossenschaft des Interimstheaters um ein «Geschäft», bei dem er seine Opern gegen ein fixes Gehaltsminimum von 1500 Gulden einbringen wollte. Vergeblich; praktisch ging es um lächerliche 25 Gulden monatlich mehr, aber die wurden ihm nicht zugebilligt. Erst nach dieser Gewißheit, am 3. Juni 1876, gab Smetana die Prager Wohnung in der Postgasse auf und übersiedelte zu seiner Familie nach Jabkenice. Selbst dort, wo wenigstens nun nicht gehungert werden mußte, hörten die materiellen Sorgen nicht auf. Er schämte sich, seinem Schwiegersohn zur Last zu fallen und die eigenen Töchter nicht mehr kleiden zu können: *Leider sind meine Kinder jetzt genötigt, nur in alten Kleidern zu gehen, weil meine Einkünfte sich so verringert haben.* Sie sollten sich noch mehr verringern. 1200 Gulden jährlich waren ihm vom Theater als pauschales Entgelt für seine bisherigen Opern zugesichert. Wie wenig das war, zeigt das Dokument eines Kalenderblattes von 1876; Smetana pflegte den Kalender sowohl als Haushalts- wie als Tagebuch zu benützen. Da stehen Einnahmen von 116 Gulden im Juni, einschließlich nachgezahlter Unterrichtshonorare, 175,90 Gulden Ausgaben gegen-

Smetanas Kalender-Tagebuch, Juni 1876

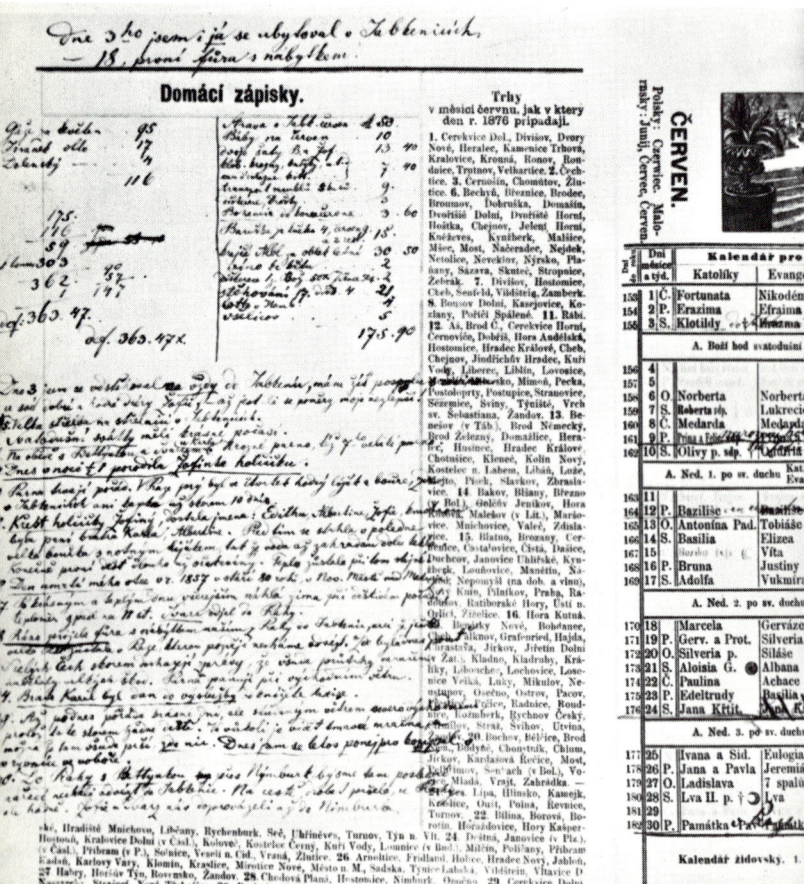

Adolf Čech

über. Schon die Lebensmittel kosteten 50 Gulden, zwei Kleider für die Enkelkinder 13,40, und so weiter in größter Dürftigkeit.

Selbst um dieses wahre Existenzminimum mußte Smetana erbittert kämpfen. Die Leitung des Theaters war zwar inzwischen wieder in jung-tschechische Hände übergegangen, aber der neue Direktor Wirsing, kurioserweise ein Deutscher, fand das Salär für Smetana zu hoch. Man stritt sich darum, ob er nur die früheren oder auch die künftigen Opern kostenlos dafür einbringen müsse, und selbst als durch den Triumph der Oper *Der Kuß* die 1200 Gulden bestätigt wurden, blieben die Überweisungen nach Jabkenice monatelang aus. Denn inzwischen hatten sich die Alt- und Jung-Tschechen endlich versöhnt, der eben erst abgesägte Kapellmeister Jan Maýr kam wieder ans Ruder, und der tat nichts, um Smetana entgegenzukommen.

Das finanzielle Elend trug dazu bei, Smetanas Ehe zu zerstören. Betty meisterte ihr Los, in eine ländliche Einöde verbannt zu werden, mit Anstand und Pflichtbewußtsein; sie verstand sich mit ihrer Stieftochter Žofie sehr gut – schließlich war sie ihr im Alter näher als ihrem Mann –, aber mitfühlende, mittragende Partnerin eines Genies im Leid zu sein, das ging gegen ihre Natur und überstieg ihre Kräfte. Smetana hörte nicht auf, um sie zu werben, er spielte ihr vor, was er eben komponiert hatte, hoffte auf erneuerte Liebe. Mehr als kühle, praktische Kameradschaft

Jagdszene. Zeichnung von Smetana

hatte sie, die sich wohl als frustrierte Gesellschaftsdame, als Prinzessin im Exil fühlte, nicht zu geben.

Wie sehr Smetana unter dieser Entfremdung litt, verraten mehrere Jabkenitzer Kompositionen. Rückblick auf vergangene Tage, Wehmut, elegische Träumerei – nicht nur die *Rêves*, deren Zyklus er nun, 1875, zu Ende schrieb, sind davon erfüllt, auch das spätere intime Meisterwerk, das *Streichquartett in e-moll*. In den sechs Klavierstücken steht *Vergangenes Glück* beziehungsvoll am Anfang und wird von sanfter *Tröstung*, dann von Erinnerung an den *Salon* früher Erfolge des Virtuosen Smetana gefolgt, ehe ein *Fest böhmischer Landleute* zum Schluß optimistisch aufklingt. Gefühlvolle Innigkeit und pianistischer Glanz kennzeichnen den sehr smetanaischen Stil dieses bedeutenden Spätwerks. Noch traute sich Smetana nicht recht an Vokalkompositionen, weil er seit seiner Ertaubung fürchtete, die Kontrolle über die ihm so wichtige Sprachmelodie verloren zu haben. Auch das nächste Werk war rein instrumental, *Aus Böhmens Hain und Flur*; als vierter Teil des geplanten Vaterland-Zyklus im Oktober 1875 vollendet. Die Oper ließ Smetana dennoch nicht los. Während er sich noch mit dem Shakespeare-Libretto «Sebastian und Viola» beschäftigte, das ihm Eliška Krásnohorská schon vor Jahren übergeben hatte, zündete ein neuer Funke: das war Eliška Krásnohorskás Vorschlag, die Erzählung «Hubička» [Der Kuß] von Karolina Světlá zu veropern. Diese Dichterin (1830–99) genoß damals, schon halb blind in Prag lebend, durch ihre realistischen Romane aus dem tschechischen

Landleben das Ansehen einer Klassikerin. Smetana wollte zuerst gar nichts von der handlungsarmen Humoreske wissen, sprang aber sofort an, als ihm Eliška Krásnohorská ein paar schnell hingeworfene Verse zeigte; sie schienen ihm sehr musikabel, und das war für ihn entscheidend.

Die Arbeit an der Oper *Der Kuß*, von November 1875 bis Ende Juli 1876, teils in Jabkenice, teils in Prag, brachte tiefes, neugewonnenes, Depressionen abgerungenes Schaffensglück. Von solchem Ringen verrät die Partitur nichts. Selbst die Skizzen sind, im Gegensatz zur *Verkauften Braut* oder zu *Dalibor*, mit sicherer Hand, fast wie ein Klavierauszug in Noten gebracht. Die Oper wurde Smetanas von Anfang an unbestrittenster Erfolg zu Lebzeiten, Eliška Krásnohorská seine letzte und, mit drei Werken, ausgiebigste Librettistin – wenn auch ganz gewiß nicht sein bester Partner. Eliška Krásnohorská (1847–1926), mit eigentlichem Namen Pechová, entstammte kleinbürgerlichen Verhältnissen in Prag. Sie wurde in Musik ausgebildet, auch als Sängerin, wandte sich der Literatur zu, verdiente sich mühselig ihr Brot mit Tagesschriftstellerei, engagierte sich für Frauenfragen und schrieb mehrere Libretti, so auch vier für Karel Bendl und eines für Zdeněk Fibich. Smetana hatte sie schon als sechzehnjähriges Mädchen kennengelernt, später übergab sie ihm ehrfurchtvoll ihre Version von Shakespeares «Was ihr wollt» zum Komponieren. Sie war eine quicke Reimerin, hatte auch Phantasie, aber wenig Sinn für dramatische Bühnenwirkung. Frühzeitig bekam sie von der Kritik zu spüren, welcher Abstand sie von Smetana trennte. Sie war sich darüber im klaren, steckte aber, je älter sie wurde, allen Spott desto gelassener ein: ihre Ehrfurcht vor dem viel älteren Meister war unermeßlich, sie wollte nichts sein als seine willige und demütige Helferin. Ihre Korrespondenz mit Smetana – leider vernichtete sie die meisten Briefe des Komponisten – enthüllt kritiklose Devotion. Man mag das bedauern, zumal Smetana selber erstaunlich wenig Gespür für die dramaturgischen Schwächen seiner Mitarbeiterin zeigte; niemand jedoch kann ihre menschliche Noblesse bestreiten. Obwohl sie selber bettelarm war, verzichtete sie von sich aus auf den finanziellen Anteil an den Smetana-Opern; die Tantiemen würden ihren Lebensabend wesentlich erleichtert haben. Auch der Deutsche Wenzig hatte übrigens seine beiden Libretti Smetana großzügig geschenkt; die anderen mußte Smetana, wie es damals Opernbrauch war, seinen Partnern durch eine einmalige Zahlung abkaufen.

Das Buch zum *Kuß* verrät in seiner Handlungsdürftigkeit, daß es eine ausgewalzte Erzählung ist. Der Witwer Lukas hat um die Bauerntochter Wendulka gefreit, die seine Liebe herzlich erwidert – nur den Verlobungskuß will sie ihm nicht geben: sie ist abergläubisch und fürchtet, die Ruhe der toten ersten Frau im Grabe zu stören. Um diesen Kuß geht es also. Lukas will ihn sofort, Wendulka erst nach der Hochzeit. Man zerstreitet sich, rennt wütend auseinander – aber im Grunde lieben sich ja beide, und als Lukas Abbitte leistet, schmilzt auch Wendulkas Widerstand, der erlösende Kuß besiegelt das fröhliche Ende. Ein Nichts an Handlung also, nicht viel mehr als eine Anekdote. Smetana hat dieses simple Libretto mit seiner blühendsten Musik geadelt. Sicher kann sich *Der Kuß* nicht an Bühnenwirksamkeit und deftiger Komik mit der *Verkauften Braut* messen. Zwar gibt es «komische Figuren», wie den Brautvater Paloucký, der nur seine Ruhe haben will und in bewährten Buffo-Triolen über die jungen Dickschädel poltert, oder den von der Schmugglerin düpierten Gendarm, und schließlich kann man sich darüber amüsieren, wenn Lukas, als Wendulka sich statt einem zärtlichen Kuß der Küchenarbeit zuwendet, wütend Kannen und Töpfe durcheinanderwirft. Aber eine «komische Oper» nach alter, also vorwiegend italienischer Tradition ist das nicht. Die Librettistin strich denn auch in ihrem Manuskript diesen Gattungsbegriff und ersetzte ihn durch «prostonárodní», was meist ungenau mit «Volksoper» oder «volkstümliche Oper» übersetzt wird, aber im Original den unübersetzbaren Beiklang des Einfachen, Schlichten hat; solche Einfalt, verbunden mit tschechischer Ländlichkeit, wurde von den tschechischen Intellektuellen jener Jahre durchaus nicht als Einfältigkeit verstanden, sondern als ein erquickendes Zurück-zu-den-Quellen.

Smetana begnügte sich freilich auch in dieser betont volkstümlichen Oper nicht mit der Imitation von Folklore-Mustern, wie dies die Alt-

Tschechen forderten. Wie virtuos er auch dies beherrschte, zeigen die beiden Wiegenlieder der Wendulka. Das erste ist ein altes Volkslied, «Hajej, můj andílku», es wurde schon zitiert; das folgende, Smetana leistet sich den Luxus einer Wiegenlied-Verdopplung, ist von ihm selber als *Demonstration* erfunden – und es wurde fast ebenso populär, ein seltenes Opern-Volkslied. Wesentlicher erscheint, daß die ganze Partitur von vornherein durchkomponiert ist, also auf einer viel höheren Stufe von Smetanas Fortschritts-Ästhetik steht als *Die verkaufte Braut*. Es gibt Chöre und Ensembles, auch verkappte Arien; aber den finalen Effekt des hohen A in der herrlichen Reue-Arie des Lukas macht Smetana durch die verzweifelte, bewegte Coda halb zunichte – Rampensängerei haßte er wie die Pest. Ein einziges Mal ließ er sie zu, in dem Lerchen-Lied des dritten Aktes. Eine nichtige Nebenfigur singt es, die Dienstmagd Bärbel, es hat bezeichnenderweise überhaupt keinerlei dramaturgische Funktion, und doch: welch jubelnder E-Dur-Hymnus an die Herrlichkeit der Sonne, der Natur, des nackten Lebens!

Ich hoffe, daß es eine Schwester der «Verkauften Braut» werden wird, wiewohl das Libretto einen ganz anderen Stil verlangt. Aber es wird mein Stil, der wahre «Smetanastil» sein – so der Komponist während der Arbeit.[47] Dieser *wahre Smetanastil* verläßt sich nicht mehr auf melodiöse Gesangsnummern, sondern verwebt sie schon in der Konzeption mit dem Orchester, das von Wagner viel gelernt hat – wer dächte bei den siebzehn Takten, die im Crescendo zerlegter C-Dur-Dreiklänge den Sonnenaufgang in der Natur «malen», nicht an den «Rheingold»-Beginn! –, das aber symphonische «unendliche Melodie» der Vokalmelodie unterordnet. Oft jedoch herrscht eine für den späten Smetana bezeichnende Gleichberechtigung, Verschmelzung von Instrumentalem und Vokalem vor. Auf die Frage seines *Dalibor*- und *Libuše*-Übersetzers Špindler, welche Stelle in allen seinen bisherigen Opern er für die «gelungenste» halte, sagte Smetana: *. . . ich habe das Gefühl, daß Wendulkas Meditation . . .* (im 7. Auftritt des 1. Aktes) *entschieden die schönste Stelle in meinen sämtlichen musikdramatischen Arbeiten ist, ob wir nun von der engsten Verschmelzung des Wortes mit der Melodie ausgehen oder vom tiefsten Erfühlen der melancholischen Stimmung, die das Herz der verlassenen Wendulka erfüllt und die das Klangbild und die Melodie der Orchestermusik wiedergeben.*[48] Dieses nur 24 Takte lange, zwischen wütendem Krach und geschwätzigem Tantenbesuch eingestreute Andante amoroso ist tatsächlich sehr chrakteristisch für den Stil des *Kusses*; alles andere als eine herkömmliche Arie, eher ein Orchester-Lied, das Hugo Wolf vorauszunehmen scheint.

Ebensogut hätte Smetana das eben erst vorangegangene Andante Wendulkas als Zeugen benennen können; da erklärt das Mädchen dem stürmischen Freier, warum es den Kuß versagen muß, und ein Orchestermotiv von Flöten und Celli, das modulierend allgegenwärtig bleibt, raunt von Unheimlichem, Abergläubigem, während die Singstimme mehr rezitiert.

Es gibt auch entwaffnend «schöne Melodien» in dieser Partitur, es gibt Polken – aber keine Polka-Seligkeit wie in der *Verkauften Braut*, denn die Tanzweisen sind dramaturgisch dienstbar gemacht – und schon gar kein Ballett. Wieder hat Smetana Neues geschaffen, sich weder gegenüber der *Verkauften Braut* noch den *Zwei Witwen* wiederholt. An inspirativer Frische ist die Partitur des *Kusses* jener der *Verkauften Braut* gleichwertig, in der psychologischen Finesse überlegen. Der erste Akt mit dem Zankduett, das eine reiche Skala der Gefühle von Verliebtheit über den Trotz bis zur Wut durchläuft, bildet den Gipfel aller heiteren Musikdramatik Smetanas überhaupt. Als Ganzes, als «gutes Stück», ist der *Kuß* der *Verkauften Braut* zweifellos unterlegen. Daran ist das Libretto schuld. Daß der zweite Akt abfällt, stellte selbst der Smetana-Freund Ludevít Procházka schon nach der Premiere fest. Aber seither hat sich *Der Kuß* so innig in die Herzen der Tschechen gesungen, daß sie blind für Kritik sind und die Oper zu einem der Favoriten unter allen Opern, nicht nur denen Smetanas, erkoren haben.[49]

Der Uraufführungsabend, am 7. November 1876, wurde zur strahlendsten aller bisherigen Smetana-Premieren. Alle waren neugierig, ob der ertaubte Meister noch fähig sei, eine Oper zu schaffen, und die unmittelbar vorangegangenen Premieren der jüngeren tschechischen Generation – besonders Dvořáks damals sehr akklamierte «Wanda» – hatten die Spannung gesteigert. Der Theaterzettel verschweigt kurioserweise den Autoren-Namen Smetanas, war man sich seiner Schöpferkraft nicht mehr sicher? Das Auditorium jubelte schon nach der Ouvertüre; im Verlauf der Aufführung, die immer wieder durch Wiederholungen stürmisch beklatschter Szenen verlängert wurde, steigerten sich die Ovationen, bis am Schluß der taube, ergriffen gestikulierende Meister auf der Bühne erschien. «Aus den Logen flogen Kränze über die Köpfe im Parterre hinweg zu seinen Füßen, Blumen überschütteten ihn von allen Seiten, der Jubel nahm kein Ende», berichtet der Komponist Josef Bohuslav Foerster als Augenzeuge. Beim folgenden «Benefiz» für Smetana – er erntete aber nicht mehr als 1300 Gulden von seiner zweiterfolgreich-

sten Oper, zu der sogar Theaterzüge aus der böhmischen Provinz einge-
setzt wurden – trug man gar auf der Bühne ein Huldigungsgedicht für
ihn vor. Aber der Triumph blieb vorerst einseitig, auf die Jung-Tschechen beschränkt. Nur sie füllten das Theater, die Alt-Tschechen boykottierten demonstrativ. Sie hatten, nachdem die Leitung des Interimstheaters in jung-tschechische Hände übergegangen war, ihre «National-Are-
na» auf der Bastei gebaut – ein Trutz-Theater ohne jede Bedeutung, aber
doch ein bemerkenswertes Zeugnis für die eminente kulturpolitische
Rolle, die damals das Theater spielte, und für die Theaterleidenschaft der
Tschechen überhaupt. Die alt-tschechische Presse überging das Ereignis
der *Kuß*-Premiere mit Schweigen. Erst im Jahr darauf versöhnten sich
die zerstrittenen Parteien bei den Tschechen.

Bald nach der Beendigung der *Kuß*-Partitur, und noch bevor er zu den
letzten Proben der Uraufführung nach Prag fuhr, begann Smetana in
Jabkenice mit der Komposition seines ersten Streichquartetts, in e-moll,
mit dem Titel *Aus meinem Leben*. Die kurze Arbeitszeit, die er daran
verwandte, von Oktober bis 29. Dezember 1876, verrät schon etwas vom
künstlerischen Muß dieses Bekenntniswerkes. Die Niedergeschlagenheit
über die fortschreitende Ertaubung, sicher auch die Zerrüttung seiner
Ehe, ließ ihn öfters als früher zurückblicken, Erinnerungen an glücklichere Tage künstlerisch gestalten. Die *Rêves* waren so entstanden. Seit 21
Jahren hatte Smetana keine Kammermusik mehr geschrieben. Der um
siebzehn Jahre jüngere Dvořák arbeitete damals bereits an seinem achten
Streichquartett; solche musikantische Produktion war Smetana ganz
unzugänglich. Wenn er sich der Instrumentalmusik zuwandte, tat er es
als Ton-Dichter, und dazu brauchte er einen wahrhaft bewegenden Anlaß. Beim Orchester konnte es eine übergreifende, vaterländische Idee
sein. Wenn er in die Intimität der Kammermusik flüchtete, mußte sein
Innerstes betroffen sein. So war es, als der Tod des geliebten Töchter-
chens den Nachgesang des *g-moll-Klaviertrios* hervorrief. Das erste
Streichquartett demonstriert die privaten Bezüge schon im ungewöhnli-
chen Titel. Smetana erzählt aus seinem Leben, in vier Sätzen für vier
Streichinstrumente. Das «Programm» hat er später selber geschildert: 1.
Satz: *Hang zur Kunst in meiner Jugend, romantische Stimmung* – 2.
Satz: *Quasi-Polka führt mich in der Erinnerung in das heitere Leben
meiner Jugendzeit . . . 3. Satz: Largo sostenuto, erinnert mich an das
Glück der ersten Liebe zu dem jungen Mädchen, das später meine treue
Gattin wurde. – 4. Satz: Die Erkenntnis der elementaren Kraft, die in der
nationalen Musik ruht, und die Freude an den Ergebnissen des beschrittenen Weges bis zu jenem Augenblick, da sein weiterer Verlauf durch die
ominöse Katastrophe jäh unterbrochen wurde: Beginn der Taubheit,
Ausblick in eine freudlose Zukunft, ein kleiner Hoffnungsstrahl, daß
doch noch eine Wendung zum Guten eintreten wird, aber, den Erinnerungen an die ersten Etappen meiner Lebensjahre gegenübergestellt,*

Streichquartett in e-moll «Aus meinem Leben». Seite aus der Partitur

weicht diese Stimmung einem schmerzlichen Gefühl.[50]

Dieses Programm ist auskomponiert. Am realistischsten im Finalsatz, wo das von Lebenslust überschäumende Hauptthema in E-Dur-Triolen plötzlich, ehe es nach klassischem Brauch in eine Vivace-Coda münden kann, abbricht und der Dichtung in Tönen weicht: über erschauerndem Tremolo in der Tiefe erklingt ein starres viergestrichenes E, Klangsymbol für das *schicksalschwere Pfeifen in den höchsten Tönen, das im Jahre*

1874 in meinen Ohren entstand und meine beginnende Taubheit anmeldete. Mit einer Reminiszenz an das *Schicksals-Motiv* der ganz zu Anfang schon exponierten absteigenden Quint und an schmerzliche Liebesglück-Zitate verlöscht der Satz. *Es war nicht meine Absicht, ein Quartett nach dem bestehenden Rezept und nach dem bestehenden Usus zu schreiben . . . Bei mir ergibt sich die Form jeder Komposition naturgemäß aus dem Gegenstand selbst.*[51] Vom Ausklang des Finalsatzes abgesehen bleibt diese Form dennoch dem klassisch-romantischen Streichquartett verpflichtet, aber der Inhalt ist so neuartig wie das Ganze. Die Inspiration Smetanas entfaltet sich in jedem der Sätze üppig und unmittelbar wie in der vorangegangenen, viel unbeschwerteren Partitur des *Kusses*, plastisch in der Formung der Themen, knapp und ungeschwätzig in ihrer Durchführung. Ein Unikum unter den Streichquartetten als Herzens-Konfession; erst Janáček, der Smetana-Unterschätzer, knüpfte wieder daran an. Die Zeitgenossen befremdete der Geniewurf. Die Prager Kammermusikvereinigung, die für die Uraufführung zuständig gewesen wäre, lehnte das Werk wegen des angeblich «zweifelhaften orchestralen Stils» und wegen der technischen Schwierigkeiten ab; erst im März 1879 hoben Mitglieder des Theaterorchesters es bei einem Abend der Künstler-Vereinigung aus der Taufe. Schon ein Jahr später erreichte das Streichquartett Deutschland; Liszt hörte es in Weimar, sein begeistertes Lob spricht für ihn und beglückte Smetana.

Ende 1876, bald nach der Uraufführung der Oper *Der Kuß*, hatte Smetana die große Freude, in Prag die Begeisterung des Publikums über die erste Wiedergabe der Tondichtung *Aus Böhmens Hain und Flur* zu erleben. Dazu kam ein Kompositionsauftrag für den großen Prager Chor «Hlahol». Dessen Sekretär Josef Srb-Debrnov hatte ihn vermittelt. Dieser Männerchor a cappella *Píseň na moři* [Lied auf dem Meer] zählt zu den umfangreichsten und auch künstlerisch bedeutenderen Chorkompositionen Smetanas; die erste Aufführung am 3. März 1877, zusammen mit neuen Chören von Dvořák und Fibich, wurde allseits beifällig aufgenommen. Das Gedicht bildet den ersten Teil eines viel längeren von Vítězslav Hálek (1835–74), der als Lyriker zu den Klassikern der tschechischen Literatur zählt und mit Smetana befreundet war. Fünf Strophen, in denen Matrosen die Freuden der Seefahrt besingen. Ein für Smetana abgelegener Stoff. Er brachte in die Komposition Erinnerungen an seine Seereisen nach Schweden ein und verschmolz die deklamatorischen und harmonischen Errungenschaften seines Spätstils mit tänzerischen Nachklängen von Polka, Springtanz und menuettartiger Sousedská. Leicht machte er es Liebhabersängern nicht, zumal er ihnen in der vierten Strophe schwierige a-cappella-Modulationen zumutet und die Tenöre hohe Cis singen läßt.

In der Schaffensfreude jener Wochen, im April 1877, entwarf er bei einem seiner Besuche in der Wohnung des Schülers Josef Jiránek an dessen Schreibtisch vier Polken. «Er schrieb sie mit der Feder gleich ins Reine und spielte sie auch gleich auf dem Klavier durch», wie Jiránek berichtet. Sie bilden den ersten Teil seines später erweiterten Zyklus *Böhmische Tänze*. Das neue Jahr ließ sich also froh und hoffnungsvoll an. Die Dämpfer sollten bald kommen. Im Mai stellte die Theatergenossenschaft ihre Zahlungen für Monate ein. Im ganzen Jahr erhielt Smetana nur 480 Gulden! Er mußte mahnen und feilschen, fühlte sich gedemütigt und war tief deprimiert. *Wodurch habe ich verschuldet, daß ich jetzt sozusagen ein Bettler bin? Vielleicht dadurch, daß ich alle meine Kräfte lieber dem Vaterland widmen wollte als dem Ausland?*[52]

Schlimmer noch wirkte sich der gesundheitliche Verfall aus. Zur Taubheit mit allen psychisch depressiven Folgen traten krankhafte Störungen. Juni 1877: *Drei Tage hintereinander litt ich an Schwindelanfällen, verbunden mit Erbrechen . . . Ende Dezember 1877: Schwindelanfälle vom Morgen bis in die Nacht, verringerte Kräfte . . .*[53] Smetana, der zu Anfang des Aufenthalts in Jabkenice zweimal täglich, nach dem Morgenspaziergang und nachmittags, komponieren konnte, vermochte sich jetzt oft nur noch eine Stunde lang am Schreibtisch zu konzentrieren, dann überwältigte ihn *Brausen im Kopf, manchmal verbunden mit Schwindelanfällen.* Im November 1877 vertraute sich Smetana in seiner Verzweiflung einem Scharlatan an: ein in Rußland arbeitender Kapellmeister namens Klíma verhieß ihm Heilung; Smetana fuhr zu ihm nach dem nahen Lamberg und ließ sich hinter dem Ohr und am Hals punktieren. *Das Resultat war Null; statt des Gehörs gewann ich einen geschwollenen Hals.*

Inmitten aller Not und seelischer Niedergeschlagenheit fand Smetana die Kraft, eine neue heitere Oper in Angriff zu nehmen. Von Juli 1877 bis Juni 1878 war er ganz von der Komposition des *Tajemství (Das Geheimnis)* in Anspruch genommen, und das war nun wirklich eine komische Oper, wie es die Gattungsbezeichnung unverhüllt angibt. Komisch jedenfalls in den Charakteren und Situationen des Librettos. Smetanas Vertonung legt freilich einen Schleier darüber, der – wie die goldene Luft eines kostbaren Herbsttages – alles Grelle von Farben und Klängen dämpft. So erstaunlich die Oper *Das Geheimnis* als schöpferische Sublimierung von Lebensnöten erscheint, Eliška Krásnohorská hat schon recht, wenn sie registriert: «Die Stimmung des Meisters war nicht mehr so olympisch heiter wie zur Zeit, als er den *Kuß* schuf. Das Libretto stimmte ihn nachdenklich, selbst die komischsten Figuren und Szenen schienen ihm ernst und vermochten nicht seinen goldigen Humor zu wecken.»

Eliška Krásnohorská war also wiederum zur Partnerin Smetanas auserkoren. Vier Sujet-Ideen legte sie vor, von Smetana sogleich nach der *Kuß*-Premiere dazu aufgefordert. Sofort sprang der Komponist auf die Geheimnis-Geschichte an. Das Libretto quittierte er schon nach der

Komposition des ersten Aktes geradezu begeistert; merkwürdigerweise blieb er seiner ergebenen Partnerin gegenüber, deren «dramatische Kraft» selbst der Smetana-Herold Hostinský anzweifelte, völlig unkritisch. Sicher leistete Eliška Krásnohorská mit *Das Geheimnis* ihren weitaus besten Beitrag zu Smetanas Opern. Die Handlung ist verwickelter als die des *Kusses* und dramaturgisch geschickter librettisiert. Sie spielt in der «guten alten Zeit», Ende des 18. Jahrhunderts, in einer nordböhmischen Kleinstadt. Die Familien Kalina und Malina sind seit Jahren miteinander verfeindet. Kalina ist seinerzeit wegen seiner Armut als Freier der Malina-Schwester Rosa abgewiesen worden, und seither nagt ein Groll an ihm, der sich zu einer ländlich-komischen Montague–Capulet-Situation auswächst. Die jungen Sprößlinge der Familien lieben einander, dürfen es aber nach dem Willen der Alten nicht. Eifersüchtelei, verkörpert in dem liebeslustigen Ex-Soldaten Bonifaz, und ein Hauch von Romantik spielen herein. Da wird ein vom verstorbenen Frater Barnabas stammendes Dokument aufgefunden, das ein großes Geheimnis enthält: wer in der Burgruine Bösig in die Erde gräbt, wird einen kostbaren Schatz erringen. Kalina, betört von der Lockung des Prestige verheißenden Goldes, wagt den Einstieg in die Unterwelt – mit dem heiteren Schluß-Gag, daß der geheime Gang in der Stube der Jungfer Rosa mündet. Sie also war der verheißene Schatz! Ebenso wie das reife Paar, das sich nun erlöst in die Arme fällt, darf es auch das junge tun.

Das ist gewiß eine naive Geschichte, aber doch nicht naiver als andere zeitgenössische Operngeschichten auf der ziemlich dürftigen Buffo-Szene nach Rossini, Auber und Lortzing. Natürlich darf man weder mit dem satirischen Witz Offenbachs (den Smetana verachtete) noch mit der Spiritualität der «Meistersinger» (die er bewunderte) vergleichen. Smetana war sich der Konzessionen bewußt, die er unter dem Zwang tschechischer Opernverhältnisse auch als gereifter Meister eingehen mußte. In einem Brief an Hostinský äußerte er sich über den Stil des *Geheimnisses* aufschlußreich: *Ich habe mich davon überzeugen müssen, wie wenig gebildet – musikalisch gebildet – unser Publikum ist . . . Und weil mir daran gelegen ist, daß sich jedes meiner Werke im Repertoire erhält, und so dazu beiträgt, den tschechischen Stil – auch bei den übrigen Komponisten, die sich noch wenig im nationalen Stil versucht haben, – zu befestigen, muß ich meine eigenen Gelüste beim Komponieren unterdrücken und im Dualismus schreiben, der mir eigentlich zuwider ist.*[54]

Unter diesem Dualismus verstand Smetana den Zwang, *gefällige Lieder* in die fortschrittliche Struktur deklamatorisch-symphonischen Stils (*Libuše* stand ihm da am höchsten) einzustreuen. Zwar betonte er, daß auch die Partitur des *Geheimnisses* auf zwei *Hauptmotiven* beruhe, auf denen – schon in der Ouvertüre exponiert – *sozusagen der ganze Bau der Oper gegründet ist.*

Das erste, oft wiederkehrende, versinnbildlicht das Geheimnis –

das zweite die Gestalt des Kalina:

In Wirklichkeit werden diese beiden Motive, auch wenn das erste schon in der Ouvertüre als Fugato-Thema seinen Dienst tut, doch mehr in frühromantischer Technik, als «Erinnerungsmotiv» verarbeitet, keinesfalls mehr so mit Keimzellen-Funktion wie in *Dalibor*. Opernlieder, Lied-Arien – auch wenn der Begriff der «Nummer» so wenig erscheint wie bei *Der Kuß* – herrschen vor, und wiederum manchmal ganz volkstümliche: der Jahrmarktsänger Skřivánek intoniert ein Smetana-Volkslied, die liebenden Mädchen Rosa und Blaschenka bekommen je eines in den Mund gelegt. Daneben gibt es große «Szenen», die ohne Smetanas Wagner-Erlebnis nicht denkbar wären – so das Liebesduett im zweiten Akt, dessen H-Dur-Begeisterung fast an «Tristan und Isolde» erinnert –, andererseits Chöre und Ensembles, die an die traditionelle komische Oper anknüpfen. Sie gehören zu Smetanas Bestem und Reifstem (obwohl ihm, wie er seiner Librettistin gegenüber klagte, in seiner Taubheit Ensemblesätze am schwersten fielen). Sehr fein ist die Erotik musikalisch abschattiert: von Melancholie überhaucht beim älteren Paar, innig und strahlend beim jungen, voller draufgängerischer Komik beim Veteranen Bonifaz. Zum erstenmal in einer Smetana-Oper spielt Romantik herein. Nicht mehr nur, wie im *Kuß*, als Naturstimmung und frommer Aberglaube, sondern als Einbruch des Wunderbaren in die Welt des Menschen. Dieses Herzthema aller deutschen Romantik, der Smetana ja tief verpflichtet war, klingt im zweiten Akt an: da erscheint dem schlafenden Schatzgräber Kalina der Geist des Fraters Barnabas, begleitet von einem Geisterballett, und ermuntert ihn in einer aus dem *Geheimnis*-Motiv variierten Arie, den Goldschatz endlich zu heben. Aber Barnabas ist ein guter Geist, ein Freund der Liebenden, kein bedrohliches Gespenst. Komisches und Gefühlvolles verzahnt sich in dieser Oper. Ihre Melodik hat nicht mehr ganz die zündende Spontaneität des *Kusses*. Als Ganzes ist die Partitur jedoch ein Meisterwerk, das insgesamt vollkommenste des heiteren *Smetanastils*. Der Komponist zählte es noch viel später, resümierend, zu seinen *besten Arbeiten*, und Hostinský bezeichnete es als «tschechischste komische Oper», vor allem, wie er meint, wegen des «sorgfältig deklamierten tschechischen Wortes».

Der Erfolg der Uraufführung am 18. September 1878 im Neustädter Theater mußte Smetana noch mehr befriedigen als der des *Kusses*. Denn diesmal, nach der Versöhnung zwischen Alt- und Neu-Tschechen, waren beide Parteien im Auditorium vertreten, und wenn sich das Publikum schon nach dem ersten Akt erhob, um den Komponisten zu bejubeln, so war dies nun gesamtnationaler Beifall. Selbst in der von Pivoda geleiteten Zeitschrift «Věstník» erschien eine anerkennende Kritik, und die Smetanianer bemängelten höchstens Libretto-Schwächen. Smetana hatte sich endlich durchgesetzt. Nicht ebenso *Das Geheimnis* beim breiten Publikum. Das riesige Neustädter Theater blieb schon bei der Premiere zu einem Drittel leer, bald mußte man ins bescheidenere Interimstheater übersiedeln; Dvořáks «Der Bauer ein Schelm» war acht Monate zuvor viel begeisterter empfangen worden. Hans Richters Plan, die Oper am Wiener Ringtheater aufzuführen, wurde durch die furchtbare Brandkatastrophe zunichte gemacht, und selbst bei den Tschechen erkannte man den Rang des *Geheimnisses* erst nach des Komponisten Tod. Das Ausland ist davon noch weit entfernt.[55]

Wenige Wochen nach der *Geheimnis*-Premiere vollendete Smetana die symphonische Dichtung *Tábor*, ein Vierteljahr später, am 9. März 1879, war am Schreibtisch in Jabkenice auch der abschließende Doppelstrich hinter der Partitur des *Blaník* gesetzt. Der Zyklus *Mein Vaterland* war vollendet. Aber noch lange nicht in Klang umgesetzt. Die genannten Teile erklangen zum erstenmal in Prag im Jahre 1880, der ganze sechsteilige Zyklus erst am 5. November 1882. Bis heute ist *Mein Vaterland* ein Nationalheiligtum tschechischer Musik geblieben. Tatsächlich kennt keine andere Musikkultur eine solche Verherrlichung von Mythos, Landschaft und Geschichte einer Nation in Tönen. Eine Ton-Dichtung im neudeutschen Sinne des Wortes. Smetana schuf deren insgesamt neun. Die drei ersten hielten sich enger an sein verehrtes Vorbild Liszt; der Zyklus *Mein Vaterland* schwenkte von dessen Kosmopolitismus ins Tschechisch-Patriotische über, die bei Liszt vorherrschende (und freie Form bildende) geistige Idee wurde bei Smetana mit sinnenhafter Realität angereichert, zugleich formal verfestigt.

Má vlast (*Mein Vaterland*) wuchs erst in Jahren zum Zyklus zusammen. Die ersten vier Teile wurden sozusagen in einem Zug niedergeschrieben, die letzten beiden folgten als Doppelgespann in zeitlichem Abstand. Bis in die *Libuše-Zeit* reichen die ersten Entwürfe zurück, und wenn man dem Kapellmeister Mořic Anger glauben kann, so faßte Smetana schon 1867, als er den Zunftgenossen in Schüttenhofen im Böhmerwald besuchte, angesichts der beiden Quellbäche der Moldau den Plan zu dieser berühmten Tondichtung. Sicher ist, daß der Zyklus erst nach und nach entstand, selbst der persönlich bekennerische Titel wurde erst nach dem vierten Teil geboren: *Vlast* [Vaterland] lautete er damals noch neutral, das «Mein» trat erst mit den letzten beiden Teilen hinzu.

Smetana selber und sein Freund V. V. Zelený haben die «Programme» der sechs Tondichtungen in Worten umrissen. Mythos, Natur, Volkstum und Geschichte werden in einer lebensbejahenden Apotheose des tschechischen Volkes gekrönt. Im *Vyšehrad* – so heißt der schroffe Felsen über der Moldau, wo die erste Prager Burg stand – erzählt ein Rhapsode, der sagenhafte Sänger Lumír, von alten ritterlichen Zeiten und Kämpfen; er wird gleich zu Beginn mit feierlichen Harfenakkorden gewissermaßen leibhaftig vorgestellt (das Thema kehrt im Zyklus mehrfach hymnisch wieder). In der *Moldau* geleitet der Komponist den böhmischen Fluß von seinen Quellen bis zum Vyšehrad in Prag, vorbei an idealisierten Tanzfesten seiner Anwohner und romantischen Wassernymphen im Mondlicht. Das Hauptthema ist eine europäische Wandermelodie, die zum Beispiel in dem deutschen Kinderlied «Alle meine Entchen» und in der Nationalhymne des jungen Staates Israel wiederkehrt, außerdem aber mit der motivischen Keimzelle des *Dalibor* verwandt ist. Smetana läßt es beim ersten Erklingen von zwei Flöten – sie symbolisieren die beiden Quellbäche – in e-moll anstimmen, zum Schluß in hymnischem E-Dur ausklingen.

Šárka, der dritte Teil, taucht aus der Landschaft in den Mythos. Šárka ist der Name einer Amazone, die dem ganze Männergeschlecht Feindschaft geschworen hat und selbst den geliebten Helden Ctirad ermorden läßt – eine böhmische Penthesilea-Variante. Stürmisch erregte Orchestersymphonik rahmt eine sehnsüchtige Liebesepisode. *Aus Böhmens Hain und Flur* hebt mit rauschenden g-moll-Streicherfiguren an, dahinter eröffnet sich ein idyllischer Bilderbogen mit polkatanzendem Volk, Waldseligkeit und volksliedhaftem Hörnergesang. Die letzten beiden Teile des Zyklus, ideell und thematisch miteinander verknüpft, führen von der Landschaft in die Geschichte zurück, die sie prägte. *Tábor* ist die alte Hussitenstadt in Südböhmen, die Zitadelle der zugleich religiösen wie nationalen und sozialen Revolutionsbewegung des 15. Jahrhunderts. Für Smetana – wie übrigens auch für Dvořák – waren Kampf und Untergang der Hussiten ein heroisch-tragisches Kapitel in der Geschichte der Nation. Er versinnbildlicht seine Helden durch den mittelalterlichen Choral «Die ihr Gottes Streiter seid», der schon in *Libuše* die Apotheose grundierte. Was hier noch in trotzigem d-moll tragisch ausklingt, wird im Finalsatz des *Blaník* optimistisch abgewandelt. Blaník ist der tschechische Kyffhäuser, der Berg, in dem die tapferen Gottesstreiter sich verborgenhalten und aus dem sie hervorbrechen, wenn die Not des Volkes am größten ist. Smetana gewinnt dem Hussiten-Choral ein majestätisches Marsch-Thema ab, und das Vyšehrad-Motiv, das den Zyklus einleitete, krönt ihn nun beziehungsvoll.

Mein Vaterland ist Smetanas weitaus bedeutendste Orchesterkomposition, auch für Nichttschechen, die es vielleicht schwer haben, den patriotischen Symbolgehalt der letzten beiden Teile nachzuvollziehen, ein imponierendes Zeugnis für Smetanas sogar in der Taubheit ungebrochene Fähigkeit, Ideen in sinnenhaften Orchesterklang und einfache Form umzusetzen. Smetana selber war stolz auf das Novatorische dieser Programm-Musik: *In diesen Gedichten habe ich mir erlaubt, eine eigene Form festzusetzen, eine ganz neue; sie hat eigentlich nur noch den Namen symphonische Gedichte. Deswegen sind sie wohl auch Schrecken für diejenigen, die von einem Fortschritt in der Kunst nichts hören wollen und denen immer nur gefällt, was nach dem alten Stiefel gemacht ist.*[56] Bei aller «tondichterischen» Freiheit hält sich Smetana an die gewachsenen musikalischen Formen. Der tschechische Musikologe Karel Janeček weist in Analysen den «ausgereiften Klassizismus» Smetanas nach. Danach ist *Vyšehrad* in monothematischer Sonatenform gebaut, *Die Moldau* nach Rondo-Art, *Šárka* nach dem Variationsprinzip, *Aus Böhmens Hain und Flur* als polythematische Variation, *Tábor* als monothematische Sonate, *Blaník* als kombinierte Rondo-Sonaten-Form komponiert.

Gleich nach der Beendigung des *Vaterland*-Zyklus, im Frühling und Sommer 1879, rundete Smetana einen weiteren, diesmal dem Klavier gewidmeten ab: es sind die zweiteiligen *České tance* (*Böhmische Tänze*). Vier Klavier-Polken lagen schon vor, weniger virtuos als die aus Smetanas Pianistenzeit, dafür desto feiner und poetischer. . . . *Meine Absicht ist, gerade die «Polka» zu idealisieren, so wie es seinerzeit Chopin mit der Mazurka getan hat.*[57] Nun ergänzte sie der Komponist durch zehn ähnlich idealisierte Tänze, wie sie in Böhmen und Mähren manchmal auch noch zu Smetanas Zeit auf dem Land getanzt wurden. Ein uralter Lehrer, der in Jabkenice seinen Ruhestand verbrachte und den Smetana oft besuchte, erwies sich als unerschöpfliche Melodienquelle; er schrieb für Smetana die Weisen auf und tanzte sie sogar vor. Ein Jahr zuvor waren Dvořáks «Slawische Tänze» entstanden, Brahms' «Ungarische Tänze» wurden allenthalben gespielt. Smetana hielt weder von Brahms' Adaptierungs-Verfahren noch von Dvořáks panslawischer Auswahl etwas. Er beschränkte sich ganz auf heimische Tänze; unter seinen Händen wurden Klavierminiaturen daraus, die dem Charakter jedes Tanzes mit Poesie nachspüren; manchmal auch mit stilisierter Realistik, wenn man da etwa in Nr. 2 das titelgebende Hühnchen picken und scharren hört. Gegenüber Dvořáks «Slawischen Tänzen», die ja zuerst auch für Klavier (vierhändig) geschrieben waren, sind die *Böhmischen Tänze* Smetanas rhythmisch weniger deftig, pianistisch erheblich kunstvoller, mit kontrapunktischen und harmonischen Finessen ausgestattet. Smetana hielt den Zyklus, obwohl er allen virtuosen Aufputzes entbehrt, für das Beste, was er fürs Klavier geschrieben.

Daß die Ende desselben Jahres 1879 komponierten fünf *Večerní písně* (*Abendlieder*) einen ähnlichen Superlativ in Smetanas Liedschafffen beanspruchen können, will hier weniger besagen. Denn dem Klavierlied hatte er, nach jugendlichen Fingerübungen, so gut wie keinen Raum gewidmet; er meinte einmal, in seinen Opern habe er Lieder genug geschrieben. Aus einem Liebeslieder-Zyklus seines Freundes Vítězslav Hálek wählte Smetana fünf aus. Die Plastik seines melodischen Einfalls kommt besonders dem bei den Tschechen vielgesungenen zweiten (*Nekamenujte proroky* [Steinigt die Propheten nicht]) zugute, aber wesentlich Neues trug der Komponist zum nach-Schumannschen Lied nicht bei. Der Liederzyklus wurde Anfang Januar 1880 zusammen mit *Blaník* und *Tábor* in einem Konzert auf der Prager Sophieninsel aus der Taufe gehoben. Der Komponist, der dabei selber noch einmal als Pianist auftrat – dem fünfzigjährigen Jubiläum seiner Pianistenkarriere war die Veranstaltung gewidmet –, sah sich von der begeisterten Liebe seiner Landsleute umgeben. Das Jahr 1880, das derart erfreulich begann, brachte später noch eine Ehrung, als die Geburtsstadt Litomyšl ihren berühmt gewordenen Sohn zur Enthüllung einer Gedenktafel für ihn einlud. Im übrigen wurde es ein kompositorisches Zwischenjahr. Die zwei Duos für Violine und Klavier *Z domoviny* (*Aus der Heimat*), in ihrer liebenswürdigen Melodik etwa an *Aus Böhmens Hain und Flur* erinnernd, sind ebenso ein Nebenwerk wie die beiden Männer-Chöre auf Texte von Josef Srb-Debrnov: *Věno* (*Widmung*), die Macht des Gesanges rühmend und vom Komponisten innerhalb eines einzigen Tages zu Papier gebracht, und *Motlitba* (*Gebet*). Inzwischen beschäftigte sich Smetana bereits mit einer neuen, seiner letzten Oper *Die Teufelswand*, und es nahte das große Ereignis, zu dessen Feier er seit so vielen Jahren die Partitur des Festoper *Libuše* in der Schublade bereit hielt: die Eröffnung des Nationaltheaters.

Smetana blieb es nicht erspart, sich an einem Wettbewerb für die beste Eröffnungsoper zu beteiligen. Mit *Libuše* gewann er den ersten Preis und damit 1000 Gulden, die ihm in seiner Armut wohl taten. Noch mehr aber die Begeisterung aller Mitwirkenden schon bei den Proben, die er hinter dem Pult des Kapellmeisters Adolf Čech kritisch mitverfolgte. Am 11. Juni 1881 war es endlich soweit. Das Nationaltheater wurde in Anwesenheit des österreichischen Thronfolgers Erzherzog Rudolf feierlich mit *Libuše* eingeweiht. Josef Zítek, ein Schüler der Wiener Hofopern-Architekten Eduard van der Nüll und August Sicard von Sicardsburg, hatte den Bau im damals gängigen Neurenaissance-Stil entworfen, mit viel Marmor im Foyer, bildnerischen Beiträgen führender tschechischer Künstler und einem fünfrangigen Zuschauerrund für rund 1500 Personen. Ein Teil des Interimstheaters wurde als Rücktrakt in den Neubau einbezogen. Er steht an wahrhaft repräsentativer Stelle der Hauptstadt Prag: dicht an der Moldau, die damals noch eine Kettenbrücke überspannte, mit einem wunderbaren Panorama des Hradschins vor Augen.

In der Pause bat Kronprinz Rudolf Smetana zu sich in die Hofloge. *Kaiserliche Hoheit, ich bin so unglücklich, nichts zu hören . . . Ich bin seit sechs Jahren stocktaub,* mußte sich der Komponist entschuldigen. Man hatte in der Aufregung vergessen, ihm eine Eintrittskarte zu geben, so daß er erst ratlos durch die festliche Menge irrte. Am Ende von *Libuše* wurde er wiederholt auf die Szene gerufen. Bei dem später folgenden Bankett in der Künstler-Ressource feierte man ihn mit begeisterten Trinksprüchen. Er erwiderte: *Meine Herren, ich möchte Ihnen für die Beweise Ihrer Freundschaft Dank sagen, muß aber gestehen, daß ich vor Aufregung zittere, weil mir nichts so beschwerlich ist, wie im Zusammenhange zu sprechen. Kaum sage ich einen Satz, vergesse ich schon im nächsten Augenblick, was ich sagen wollte, weil ich mich selbst nicht hören kann.*[58]

Die eigentliche Theatereröffnung fürs allgemeine Publikum sollte am 11. September stattfinden. Die Dvořák-Partei wollte für diesen Anlaß dessen «Dimitrij» (der noch gar nicht fertig war!) statt *Libuše* uraufgeführt sehen, da machte eine Katastrophe allen Querelen ein Ende. Am 12. August 1881 brannte das Theater bis auf die Außenmauern nieder; ein im Dachstuhl unvorsichtig hantierender Klempner hatte das Unglück ausgelöst. Smetana wäre an diesem Tage um ein Haar ums Leben gekommen. Auf dem Weg in die Hauptstadt konnte er auf dem Umsteigebahnhof in Neratowitz erst in der letzten Sekunde vor einem rangierenden Waggon zur Seite springen – er hatte in seiner Taubheit alle Warnungsrufe überhört. Der Brand des Nationaltheaters wurde als nationale Katastrophe empfunden, spornte aber nur zum unverzüglichen Wiederaufbau an. 1,8 Millionen Gulden hatte der erste Bau gekostet, nun sammelte man nochmals 1,3 Millionen Gulden (wieder trugen auch Deutsche zu einem kleinen Teil dazu bei), Smetana nahm, seit sieben Jahren zum erstenmal wieder und sich wegen seiner Taubheit vor dem Orchester entschuldigend, den Taktstock in die Hand und dirigierte das *Libuše*-Vorspiel zugunsten des Aufbaufonds. Im Mai 1882 erlebte er einen Triumph, wie er noch keinem tschechischen Opernkomponisten je widerfahren war: die 100. Aufführung der *Verkauften Braut* mit vielen Ehrungen. Im November feierten die Prager bei der Uraufführung des gesamten Zyklus *Mein Vaterland* enthusiastisch dessen Schöpfer, und ein Jahr darauf, als das neuerstandene Nationaltheater wiederum mit *Libuše* eingeweiht wurde, erlebte Smetana, schon am Rande der Umnachtung, die letzte künstlerische Freude. Die Eintrittskarte zur Festvorstellung hatte er sich von der Direktion erbetteln müssen. *Die Eintrittskarten zu 50 und 40 fl. sind für mich unerschwinglich . . . Vielleicht findet sich irgendein Winkel im Theater, wo ich niemand stören würde, irgendeine – Pardon! – Säule?*

Zwischen diesen Triumphen liegen die traurigsten Stunden des Komponisten Smetana, mit dem deprimierenden Tief seiner letzten Premiere.

1880

1881

Die Uraufführung von *Čertova stěna* (*Die Teufelswand*) im Neuen Tschechischen Theater am 29. Oktober 1882 war ein bloßer Achtungserfolg; die dritte Aufführung, als Benefiz für den Komponisten bestimmt (ihm standen an diesem Abend die Einnahmen zu), verlief lustlos, vor halbleerem Haus, und sah einen hinter den Kulissen mit Tränen in den Augen vor sich hin murmelnden Smetana: *So bin ich denn offenbar schon zu alt und sollte das Komponieren lassen. Niemand will mehr von mir wissen!* Wie konnte es dazu kommen? Die von Smetanas Gegner Jan Maýr geleitete Direktion des Theaters, das damals das Neue Tschechische Theater bespielte, hatte wenig getan, um Smetanas jüngster – und letzter – Oper eine würdige Vorstellung zu bereiten. Alle zeitgenössischen Berichte sind sich darüber einig, daß die Einstudierung flüchtig, die Ausstattung geradezu schlampig war, mit unfreiwilligen Lacherfolgen beim Publikum wegen der bühnentechnisch verkorksten, aus dem Fundus zusammengestoppelten Dekorationen. Man hatte alles in die um einen Monat vorangegangene Premiere von Dvořáks «Dimitrij» investiert. Von dieser versprach man sich den sehnsüchtig erhofften Durchbruch einer tschechischen Oper auf die Weltbühne – der Schöpfer der *Verkauften Braut* war ihn bisher schuldig geblieben. Von dem tauben Alten im ländlichen Jabkenice erwartete man nichts mehr. Jetzt war Dvořák der Mann der Stunde, im Ausland, in England und Deutschland, ungleich berühmter als sein älterer Landsmann, mit dem Dresdener Erfolg seiner Oper «Der Bauer ein Schelm» tschechischen Opernruhm erhärtend.

Smetana–Dvořák – ein schöpferisch großartiges, persönlich nicht so ungetrübtes Kapitel der Musikgeschichte, wie es die tschechische Hagiographie meist darstellt. In Wirklichkeit erscheint die Zweisamkeit der beiden Schöpfer tschechischer Nationalmusik durch mancherlei höchst menschliche Begleiterscheinungen relativiert. Als der namenlose Bratscher Dvořák noch im Orchester des Kapellmeisters und Komponisten Smetana mitfiedelte und seine ersten Partituren einreichte, mochte er sich von dem Älteren, Einflußreichen benachteiligt fühlen – zu unrecht; Smetana erspürte frühzeitig dessen Talent und hob mehrere Dvořák-Werke aus der Taufe. Später, Smetana war ertaubt, Dvořák hatte als Dirigent und Orchesterkomponist das Ausland erobert, konnte es nicht ausbleiben, daß der ältere Meister sich von seinen Landsleuten zurückgesetzt fühlte. Aus mehreren Äußerungen Smetanas klingt Verbitterung. So, wenn er während der Komposition an der *Teufelswand* über sein materielles Elend, seine Unfähigkeit, durch Gelegenheitskompositionen Geld zu verdienen, klagt: . . . *Und ich kann auch nicht neue Musikalien aus dem Ärmel schütteln, à la Dvořák* . . . oder wenn er demonstrativ betont, daß ihm, und nicht dem jüngeren Kollegen, die Schöpferpriorität zustehe: *Nach meinen Verdiensten und meinem Bestreben bin ich ein tschechischer Komponist und Schöpfer des tschechischen Stils im drama-*

tischen und symphonischen Bereich der Musik.[59]

Solange dieser begründete Vorrang nicht in Frage gestellt war, hatte Smetana den Jüngeren durchaus gerecht und anerkennend beurteilt – was ja unter Genies durchaus nicht die Regel war und ist. Während er selbst am *Geheimnis* arbeitete, ging er, wie sich der tschechische Wissenschaftler Fr. Beyer als Augenzeuge erinnert, die Partitur von Dvořáks «Slawischen Tänzen» durch und «lobte sie restlos»; ein andermal, «in den Anblick Dvořáks versunken», bemerkte er: *In einem so mächtigen Kopfe muß etwas stecken! Und ich bin im Interesse unserer Musik froh, einen so ausgezeichneten Konkurrenten zu haben* (so berichtet der Komponist und Musikschriftsteller Václav Juda Novotný). Andererseits trennten die beiden Schöpfer tschechischer Nationalmusik Welten im Ästhetischen. *Was ihm [Dvořák] fehlt, haben Sie treffend ausgedrückt: die allgemeine Bildung,* schrieb Smetana 1878 an Eliška Krásnohorská. *Er ist ein Musikant, obwohl ein sehr talentierter, nichts weiter. Und so ist es leider mit der Mehrzahl unserer Komponisten. Außer der musikalischen haben sie keine andere Bildung, und selbst die musikalische ist nur einseitig . . .*[60]

Natürlich trug später zu Smetanas Verbitterung bei, daß Dvořák von der immer noch mächtigen alt-tschechischen Partei geradezu demonstrativ auf den Schild gehoben wurde. Die opulente Ausstattung, die das von Riegers Schützling Maýr geleitete Theater Dvořáks «Dimitrij» zuteil werden ließ und die lieblose Einstudierung von Smetanas *Teufelswand*

Das Nationaltheater, nach dem Brand 1881 neu erbaut

waren dafür kennzeichnend. Der naive Dvořák war an solchem kulturpolitischen Parteienstreit unschuldig – so wie Smetana nicht mehr korrigierend eingreifen konnte, als, lange nach seinem Tode, sein gescheiter, aber fanatischer Partisan Zdeněk Nejedlý Dvořák als «abgetanes totes Kapitel der tschechischen Musik» diffamierte.

Bedřich Smetana arbeitete an der Oper *Die Teufelswand* sehr lange. Von Januar 1880 bis April 1882, aber mit vielen Unterbrechungen. Er litt immer schwerer unter gesundheitlichen Störungen. Halsschmerzen, Ohrensausen, Nervosität und immer peinlicher empfundener Gedächtnisschwund deprimierten ihn. *Sausen und Brausen im Kopf, als ob ich unter einem großen Wasserfall stünde, blieb bis gestern und bleibt Tag und Nacht ohne Pause, stärker, wenn das Gemüt bewegt ist, schwächer bei ruhigerer Stimmung. Beim Komponieren wird das Brausen stärker.*[61] Er konnte nur noch *in kleinen Zeitabschnitten* arbeiten: *Schreibe ich nur eine kleine Stunde lang, so jagt mir dieses Brausen in den Kopf und es schwindelt mir vor den Augen, so daß ich alles Schreiben lassen, vom Tisch zurücktreten und – warten muß, bis sich das alles beruhigt! Bei einem so komplizierten Werk, wie es die Oper ist, an der ich gerade arbeite, habe ich damit zu tun, daß ich, da kein einziger Ton von außen mich erreicht, den Zusammenhang des ganzen Organismus . . . im Gedächtnis erhalte.*[62] Aber er glaubte sich verpflichtet, *unserer Nation zu schenken, was ich ihr noch schuldig bin und was ich in meinem Herzen trage – ein Werk großen Formates.*

Smetana hat seine letzte vollendete Oper sich selber, seinem versagenden Körper, wahrhaft abgerungen. Ursprünglich schwebte ihm ein durchweg *humoristisches Libretto, leicht, witzig, komisch, ohne ernste Situationen* vor. In Eliška Krásnohorskás Entwurf glaubte er es gefunden zu haben. Wohlmeinende Freunde wie Otakar Hostinský hatten ihm von der Komposition abgeraten, und tatsächlich sind sich bis heute selbst die eingeschworensten tschechischen Smetanianer darin einig, daß dieses Buch ein Ballast ist. Teufelswand heißt ein schroffer, in die junge Moldau bei Hohenfurth hineinragender Felsen. Um ihn rankt sich eine Sage aus dem 13. Jahrhundert, die von Eliška Krásnohorská zu einem krausen Ritterstück ausgewalzt wurde. Schwierig, die flüchtig und konfus motivierte Handlung in wenigen Sätzen zu erzählen. Wok, der Herr auf Rosenberg und oberste Marschall Böhmens, ist von der Liebe enttäuscht und will als Mönch ins Kloster gehen. Ritter Jarek erklärt sich mit ihm solidarisch: nie wird er heiraten – obwohl er und die Burgvogtstochter Käthe einander lieben –, wenn sein Herr dies nicht tut. Der fühlt nun eine neue Neigung zur jungen Edeldame Hedwig aufkeimen. Der Einsiedler Benesch drängt Wok jedoch ins Kloster: damit die Kirche sein Vermögen erben kann. Diesen unheiligen Eigennutz macht sich der Teufel Rarach in einem krausen Intrigenspiel zunutze. Er tritt in der Gestalt des Einsiedlers auf, stiftet allseitige Verwirrung und läßt schließlich in der Moldau durch seine höllischen Helfer eine Felsmauer errichten, die das Kloster überschwemmen soll. Hedwig rettet durch ihren Opfergang über die Teufelswand ihren Geliebten, der Einsiedler vernichtet mit dem Kreuzeszeichen die Teufelswand, Woks Junggesellenherz schmilzt dahin, und da er heiratet, darf es nun auch sein treuer Ritter tun.

Für die Entfaltung glaubhafter Charaktere bleibt kaum Raum. Die Figuren werden wie Marionetten am Faden der Intrigen bewegt. Eine einzige gewinnt Profil: Das ist der Teufel. Er heißt Rarach wie im böhmischen Volksmärchen, wo der Böse immer dumm ist und am Ende übertölpelt wird. Smetana hat den Rarach zu einer ironisch-mephistophelischen Gestalt gemacht und mit seiner kühnsten Musik ausgestattet. Er stellt ihn schon im Vorspiel durch ein Leitmotiv vor, das aus drei aufeinanderfolgenden übermäßigen Dreiklängen besteht:

Die harmonische Vieldeutigkeit des übermäßigen Dreiklangs, eines der Hauptvehikel spätromantischer Zersetzung der Tonalität, symbolisiert das Schillernde der Teufelsnatur. Rarach tritt ja in vielerlei Gestalten auf; als biederer Schäfer singt er ein entzückendes Pastorale, als Eremit salbadert er im parodierten Kirchenton, als Satan läßt er seine mauerbauenden Unterteufel einen aus dem Leitmotiv entwickelten Höllenwalzer tanzen, und wo er auch nur in der Nähe ist, wird es musikalisch am interessantesten; so etwa, wenn eine impressionistische Klänge vorausahnende Akkordfolge im zweiten Akt Mondschimmer «malt». «Komisch-romantische Oper» lautet die Gattungsbezeichnung. Von der angestrebten Komik ist unter dem Einfluß von Smetanas Depressionen während der Komposition nicht viel übrig geblieben; außer dem zwielichtigen Teufel eigentlich nur der standessüchtige Burgvogt Michalek als komische Figur. Romantik, von der Librettistin ganz oberflächlich mit der alten Sage eingebracht, wird erst durch Smetanas Musik vertieft. Der Sendbote des Bösen, der sich in die Welt der Menschen einschleicht und ihre Schwächen ausnützt, wird zum personifizierten Dämon, zum Abgründigen in jeder Seele. Doppelgängerschaft, Bewußtseinsspaltung – man sieht, wohin Smetanas Romantik zielte: ähnlich wie Ferdinand Raimunds Rappelkopf in Bereiche, die erst die Tiefenpsychologie erschloß.

Insofern erscheint Smetanas letzte, textlich-dramaturgisch schwache und selbst bei den Tschechen nie recht populär gewordene Oper als seine modernste, und in jüngster Zeit haben sich ihrer auch junge tschechische Dirigenten und Regisseure mit neuer Begeisterung angenommen (deutsche freilich noch nicht). Musikalisch ist sie ungleichwertig. Daß die Partitur bereits Spuren von Smetanas geistiger Zerrüttung zeige, was sogar frühere tschechische Smetanalogen behaupteten, läßt sich nicht aufrechterhalten. Sicher ist die Orchestration matter geworden, der Komponist traute sich in seiner Taubheit instrumentale Kombinationen nicht mehr zu und beschränkte sich vielfach auf den Streichkörper, oft auf dessen tiefe Lagen. Es gibt auch weite Strecken, wo die rezitativische Arbeit vorherrscht; Smetana, der romantische Inspirationsmusiker, konnte sich in seiner Phantasie durch das Textbuch nur selten beflügelt fühlen. Wo dies aber geschieht, wo die Figuren, vorweg der Rarach, oder die Situationen ihn fesselten, blühte seine Erfindungskraft unvermindert. Die Arie, in der Wok seiner vergangenen Liebe nachtrauert – zweifellos ist hier persönliches Erlebnis hineinkomponiert –, zählt zu den edelsten lyrischen Perlen Smetanas, so wie die Arie des sonst kümmerlich ausgestatteten Jarek zu Beginn des zweiten Aktes, und im tänzerischen Chor des dritten Aktes klingt noch einmal die alte Polka-Seligkeit auf, zum letztenmal.

Der Komponist betrachtete *Die Teufelswand* als vollwertiges Werk: *Ad vocem Musikstil dieser Oper: es ist ganz einfach der Smetanastil, d. h. eine Verbindung auch einfacherer Melodien mit der immer gewissenhaft gewählten entsprechenden Harmonie und einem wohldurchdachten Aufbauplan unter Beziehung und Bedacht auf die Einheit der ganzen Oper, die gewissermaßen eine einzige, große Symphonie vorstellt, aber in diesem Falle – und das ist die Hauptsache – mit dem Text eng verknüpft ist.*[63] Diese enge Verknüpfung wurde, bei dem mangelhaften Text, der Wirksamkeit des Ganzen zum Verhängnis. Smetana begrub seine letzte Hoffnung, mit einer Oper über die tschechische Bühne hinauszudringen, als sein Freund Ludevít Procházka, der den einflußreichen Kritiker und Übersetzer Ludwig Hartmann aus Dresden zur Premiere mitgebracht hatte, gemeinsam mit diesem das Libretto als unmöglich bezeichnete. Die Kritiken sagten ähnliches, auch wenn sie Smetanas Musik lobten, und man begann bald nach des Komponisten Tode mit Bearbeitungen. Noch Václav Talich, als Dirigent wahrhaft ein Smetana-Kenner und Bewunderer, glaubte bei seiner Wiedererweckung 1942 im Nationaltheater nicht ohne Klangretuschen und dramaturgische Änderungen auskommen zu können.

Bald nach dem Abschluß der *Teufelswand*-Partitur, im Juni 1882, begann Smetana mit der Komposition eines zweiten *Streichquartetts in d-moll*. Wiederum ist es, obwohl die traditionelle Viersätzigkeit eingehalten wird, eine Art Programm-Musik, ein persönliches Bekenntniswerk. *Das neue Quartett beginnt, wo «Aus meinem Leben» endete, nach der Katastrophe; es stellt das Wirbeln der Musik in einem Menschen dar, der das Gehör verloren hat.* So zitiert V. V. Zelený den Komponisten. Das düstere Gegenstück zum ersten Streichquartett: dort elegischer Rückblick auf Liebe und Leben, hier Trotz und verzweifelte Energie. Der erste Satz ist eine freie Abwandlung der Sonatenform, mit einem vorwärtsdrängenden Hauptthema aus diatonisch aufsteigenden Triolen – das Dreitonmotiv, das auch das lyrische Gesangsthema nährt, ist echt smetanaisch, geradezu eine Devise seiner Melodik; es bildete die leitmotivische Keimzelle im heroischen *Dalibor* wie in den intimen beiden Duos *Aus der Heimat*. Der zweite Satz ist eine idealisierte, sehr ernste Polka, der dritte führt eine «quasi marcia» kanonisch durch die Stimmen und gipfelt in einem pathetischen Hymnus. Das kurze Presto-Finale jagt dämonisch vorüber, der C-Dur-Schluß wirkt nicht befreiend, sondern als trotziges Bekenntnis. Das schroffe, ungefällige Stück konnte nicht so populär werden wie das erste Quartett. Erst später erkannte man seine Kühnheit, deretwegen es Arnold Schönberg als eine Offenbarung rühmte.

Bis in den März 1883 zog sich die Arbeit an dem Quartett hin, oft unterbrochen durch nervöse Anfälle, Schwäche, Erschöpfung. Die Depression nach der *Teufelswand*-Niederlage wich durch den folgenden Triumph der ersten Gesamtaufführung des Zyklus *Mein Vaterland* nur vorübergehend. Erschütternden Einblick in Smetanas körperlichen und seelischen Zustand gibt sein Brief von Anfang Dezember 1882: *Mit mir ist eine große Veränderung geschehen! – Etwa vor drei Wochen verlor ich gegen Abend plötzlich die Stimme, das heißt die Möglichkeit und Fähigkeit, mich auszudrücken. Ja, selbst das Lesen fiel mir schwer. Ich konnte mich der Namen der lebenden Personen nicht erinnern, ich schrie nur immerfort tje-tje-tje und dazwischen waren lange Pausen, wo ich mit offenem Mund dasaß . . . Der Arzt untersagte jedwedes Lesen, das länger währt als höchstens eine Viertelstunde, und weiter jedwede Beschäftigung mit Musik überhaupt . . .*[64] Dennoch gab Smetana nicht auf. Im Mai 1883 komponierte er den vom Hlahol-Chor bestellten Männerchor *Naše píseň* (*Unser Lied*), dessen harmlose vier Strophen, ein Loblied auf die Polka, Freund Josef Srb-Debrnov verfaßt hatte. Auch dies ist noch ein vollwertiges, sogar mit seiner unabhängigen Stimmführung neue Wege beschreitendes Werk. Ein geplanter Zyklus *Pražský Karneval* [Prager Karneval] gedieh nur zu seinen ersten Teilen (Introduktion, Polonäse), die Mitte September vollendet wurden: Smetanas letzte abgeschlossene Komposition, tänzerische Vision eines von Eros und Lebenslust erfüllten Maskenfestes, ist in der Instrumentation nicht mehr voll kontrolliert.

Das Jahr 1883 verlief vorwiegend trübe. Nicht einmal Besuche in Prag vermochten Smetana mehr zu inspirieren. Ein müder kleiner Mann im Pelz schlurfte schweren Schrittes dahin. Er fühlte sich zurückgesetzt, beiseite geschoben: *. . . jetzt erst sehen sie, daß m e i n e O p e r n der Theaterkasse so viel einbrachten, daß sie das g a n z e Theater erhielten, das Schauspiel, und das Singspiel. «Die verkaufte Braut» brachte der Genossenschaft den kolossalen Ertrag von 50 000 Gulden . . . Mich fertigen sie mit 92 Gulden monatlich ab, mich, der ich die Ursache bin, daß die Oper ü b e r h a u p t existiert!*[65] Wieder das Gefühl, ein Bettler zu sein: *Ich habe j e t z t soviel für mich, daß ich mir kaum ein Stücken Brot kaufen könnte . . . von der Gage von 91 Gulden bleiben mir jeden Monat 6 Gulden.*[66] Man muß solche Klagen nicht wörtlich nehmen. Der kranke Mann hatte kein klares Verhältnis zur Realität mehr; er glaubte sich auch durch seine Familie betrogen, es kam zu wiederholten scharfen Auseinandersetzungen mit seiner Frau, die in dieser kritischen Zeit offenbar mehr Gefühl für Pflicht als Takt bewies. Ab Oktober 1883 wurde Smetanas Gehalt vom Nationaltheater endlich von 1200 auf 1500 Gulden jährlich aufgebessert. Worum er einst so erbittert gekämpft hatte, jetzt freute es ihn nicht mehr, er hatte nichts mehr davon. Eine letzte Freude erlebte er noch: das war die glanzvolle Neuaufführung von *Libuše* zur zweiten Einweihung des wiederaufgebauten Nationaltheaters am 15. November 1883. Es war zugleich Smetanas letzter Besuch im geliebten Prag, sein letztes Auftreten in der Öffentlichkeit überhaupt.

Unaufhaltsam ging es mit Smetanas Kräften Ende 1883 abwärts. Und doch arbeitete er noch, wann immer Schmerzen, Anfälle, Wahnvorstellungen es vorübergehend möglich machten, an einer neuen Oper! Zwei wollte er nach der *Teufelswand* noch schreiben, eine sehr komische und eine tragische. Es blieb beim Torso einer einzigen, *Viola*. Seit dem Frühling 1883 schrieb er an der Partitur, bis zum Februar 1884, bis zu jener wirren Seite, die er unbewußt-ahnungsvoll mit der Überschrift versah: *Letzter Bogen*. Aber die Fragmente dieser letzten Oper sind nicht

«Der letzte Bogen»: Titelblatt zur unvollendeten Oper «Viola»

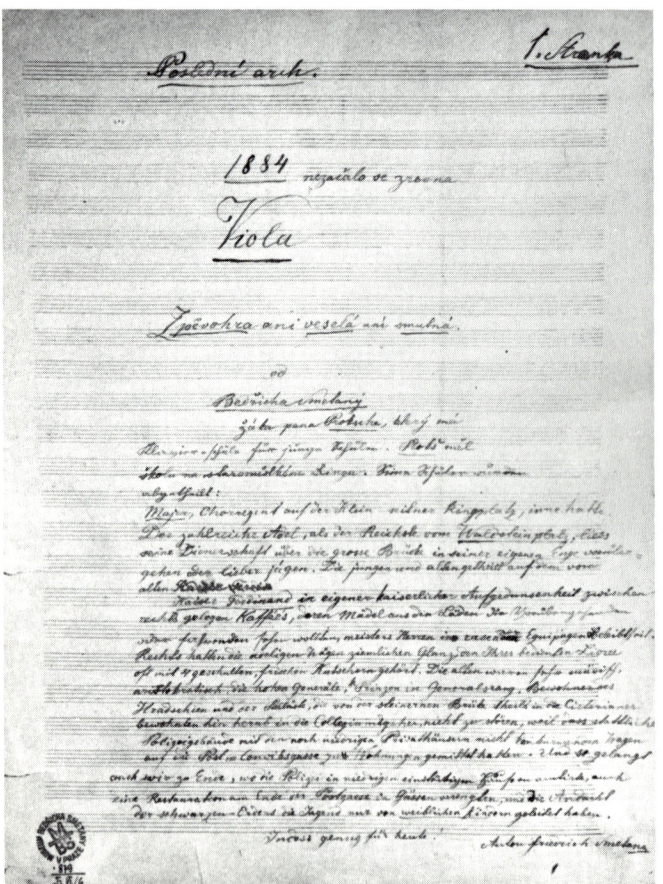

Smetanas Sterbezimmer in der Prager Anstalt für Geisteskranke

wirr, sondern ein erstaunliches Dokument von Schöpferkraft am Rande des Wahnsinns. Schon vor zwölf Jahren hatte ihm Eliška Krásnohorská den ersten Entwurf ihres Librettos nach Shakespeares «Was ihr wollt» vorgelegt. Bald danach notierte sich Smetana Motive ins Skizzenbuch, auch noch während der Arbeit an *Kuß* und *Geheimnis*. Nun, im April 1883, nahm er die so lange unterbrochene Komposition wieder auf, verwertete die in voller Schaffenskraft konzipierten Skizzen und steigerte sich in eine wahre Euphorie: *O Viola! erzähle den Herren in Prag, wie meine Seele bewegt ist, Tränen – ! Tränen!*[67] Kritik und Ratio beginnen hier bereits zu weichen, vollends dann in den Eintragungen auf den letzten Partiturseiten: *Ruhm! Viloa!* (sic) *ewig soll sie – ruhmvoll den Ruhm tragen! Ruhm ihr . . .*[68] Fünfzehn Partiturseiten konnte Smetana noch voll instrumentieren, weitere 50 Seiten mit Streichersatz ausstatten. Vier Szenen insgesamt. Der Stil knüpft an die harmonischen Wagnisse der *Teufelswand* an, vermeidet alle geschlossenen Nummern zugunsten eines motivisch durchkomponierten Sprechgesangs, wobei Sebastian und Viola durch dasselbe, abgewandelte Leitmotiv charakterisiert werden.[69] In den ersten, winterlichen Monaten des Jahres 1884 verfiel Smetana der geistigen Umnachtung. Er hatte das Furchtbare lange vor-

Das Begräbnis

her geahnt. *Ich habe Angst vor dem Wahnsinn. Ich bin so schwermütig geworden, daß ich schon ganze Stunden dasitze und nichts tue, an nichts denke als an mein Unglück,* schrieb Smetana Anfang 1879, während der so inspirierten Arbeit am letzten Teil des *Vaterland*-Zyklus, seinem Freund, dem Dichter Jan Neruda. Später sollte sich zeigen, daß die Ertaubung von Anfang an aus Hirnstörungen rührte. Im Februar 1884 kritzelte Smetana zum allerletztenmal in der *Viola*-Partitur. Es war eine wahnhafte, keine schöpferische Tätigkeit. Smetana nahm nicht mehr wahr, daß man zu seinem 60. Geburtstag, am 2. März, ein Festkonzert in Prag mit seinen Werken veranstaltete, wobei der *Prager Karneval* zum erstenmal erklang. Er schrieb wirre Briefe an unbekannte Adressaten, mit klaren Bekenntnissen darin: *Auf dem Land, im Wald, am Teich. So war es gut* – erschütternde Bilanz der neun Jahre in Jabkenice.

Im April brach der Irrsinn offen aus. Der Kranke lallte sinnlos, zerschlug Fensterscheiben und Mobiliar, bedrohte seine Familienangehörigen gar mit dem Revolver. Schweren Herzens entschloß man sich, nach einem gefährlichen Tobsuchtsanfall, zur Überführung in ärztlichen Gewahrsam. Ein einfacher Mann, František Moucha, Diener beim Förster Schwarz, hat den traurigen Abschied so einfach wie ergreifend geschildert: «Der düstere regnerische Tag des 23. Aprils 1884 brach an . . . Vor der Holztreppe, die zum Vorraum führt, stand der Wagen bereit . . . Dem Herrn Forstmeister rannen die Tränen über die Wangen, als er mir die Decken abnahm, um Smetana einzuhüllen. Smetana saß im Wagen ganz geistesabwesend . . . Alles weinte . . .»

Es war eine Fahrt ohne Wiederkehr. Sie endete in der Landesirrenanstalt in der Katharinengasse zu Prag. Ein vergittertes Kämmerchen mit Bett, Sofa und Tisch, das war die letzte Station auf Smetanas Weg. Nur die nächsten Angehörigen hatten in den folgenden drei Wochen qualvoller Zerstörung eines großen Lebens Zutritt. Der behandelnde Arzt Dr. Václav Walter schildert Smetanas letzte Tage: «Auf dem Sofa wand sich ein schwatzender Greis. Er war von ganz getrübtem Bewußtsein und dabei sehr unruhig. Obwohl er sich nicht mehr auf den Beinen hielt, gönnte er mit seinen dauernden expansiven Affekten sich selbst und seiner Umgebung keine Ruhe. Zureden konnte man ihm nicht. Er hörte nichts. Zum Glück war er nicht kräftig, er wurde leicht überwältigt . . . Lichte Augenblicke hatte er nicht. Nur Ohnmachten und Halluzinationen . . . Körperlich war der Meister Haut und Knochen, die verkörperte Gebrechlichkeit. Langsam verlöschte er.» Der letzte Tag, der 12. Mai 1884: «Die silbernen Funken verlöschten in seinen Augen, die Unruhe ging in Stumpfheit über, die Hände bebten nur leicht . . . Um halb fünf nachmittag atmete er zum letzten Mal aus.»[70] Der Obduktionsbericht von Prof. Dr. Jan Hlava enthält den Satz: «Aus dem Befund geht hervor, daß es sich um eine progressive Paralyse handelte, die sich lange hinzog.»[71]

Bedřich Smetanas Leiche wurde in die Theinkirche in der Prager Altstadt übergeführt und in die Tschamara gekleidet, die er immer zu feierlichen Anlässen angezogen hatte. Ehe sich der Sarg schloß, sprach der Vorsitzende der «Umělecká beseda», die Smetana mitbegründet hatte, Worte vom «Stolz des tschechischen Volkes – dem Opfer der tschechischen Verhältnisse». Der Begräbniszug, der von der Theinkirche am neuen Nationaltheater vorbei zum Wyschehrad führte, wurde eine Volkskundgebung, wie sie Prag nie zuvor gesehen hatte. Ungezählte Tausende bildeten Spalier. Auf dem Friedhof der sagenhaften einstigen Burg, die Smetana in Tönen verherrlicht hatte, trug man ihn zu Grabe. Am selben Abend spielte das Nationaltheater Smetanas fröhlichstes, sein genialstes Werk: *Die verkaufte Braut.*

Das Smetana-Museum in Prag

ANMERKUNGEN

1 Zur Aussprache tschechischer Eigennamen: sämtliche Wörter, ohne jede Ausnahme, werden im Tschechischen auf der ersten Silbe betont. Die Striche über Vokalen und das Ringlein über dem ů bedeuten Länge, nicht Betonung; Häkchen geben «Erweichung» an: č ist tsch, ď ist dj, ě ist jä, ň ist nj, ř etwa rsch, š ist sch, ť ist tj. V wird wie das deutsche W ausgesprochen, z wie s in «Rose», ž wie in «Journal». Dies nur als praktischer Hinweis, nicht als komplette Phonetik.

2 Aus Smetanas Tagebuch vom 1. Mai 1840 in: «Smetana in Briefen und Erinnerungen.» Hg. und eingeleitet von František Bartoš. Deutsche Übersetzung von Alfred Schebeck. Prag 1954. S. 15 (Im folgenden wird dieses vielfach zitierte Werk mit BE abgekürzt.)

3 Jan Neruda: «Meister Smetana erzählt», BE S. 20

4 Smetanas Tagebuch vom 18. Januar 1842; Ernst Rychnovsky: «Smetana». Stuttgart–Berlin 1924. S. 35

5 Smetanas Tagebuch vom 23. Januar 1843: BE S. 23

6 Rychnovsky, a. a. O., S. 48

7 Ebd., S. 50

8 Dr. Karel Teige: «Dopisy Smetanovy» [Smetanas Briefe]. Prag 1896. S. 3

9 Brief an die Eltern vom 23. Dezember 1856: BE S. 51

10 Brief an Franz Liszt vom 10. April 1857; Teige, a. a. O., S. 14

11 Brief an August Kömpel vom 23. Mai 1880: BE S. 270

12 Brief an Bettina Ferdinandi vom 3. August 1859; Rychnovsky, a. a. O., S. 86

13 Brief an Bettina Ferdinandi; Rychnovsky, a. a. O., S. 92

14 Brief an Ludevít Procházka vom 11. März 1860: BE S. 74

15 Smetanas Tagebuch vom 31. März 1861: BE S. 77

16 Smetanas Tagebuch Januar 1862: BE S. 80

17 Smetanas Artikel in der Zeitschrift «Slavoj» vom 1. Oktober 1862: BE S. 86

18 Max Brod gibt in seinem Sabina-Buch «Die verkaufte Braut» (Esslingen 1962) der Rechtfertigung des Librettisten eine hübsche Pointe: die C-Dur-Arie des Jeník (Hans) im zweiten Akt sei ein bewußtes Alibi-Stück Sabinas; mit ihrem Text «Jak možná věrit» («Wie wär's denn möglich, daß ich dich, Marie, für Geld verkaufte!») habe Sabina verschlüsselt ausgedrückt, wie es um ihn selbst stand. Genauso lächerlich wie die Annahme, Hans könnte seine geliebte Braut verkauft und verraten haben, sei die, Sabina könne mit albernen Polizeiberichten seine geliebte tschechische Nation verraten.

19 Zum zweitenmal geschah das erst wieder nach 1945, als Hitlers «Brandenburger» aus Böhmen abgezogen waren. Die erste Smetana-Oper erschien damals als so aktuell, daß sie an zwei Prager Theatern gleichzeitig zu hören war, was es nie zuvor gegeben hatte.

20 Přemysl Pražák: «Smetanovy zpěvohry» [Die Singspiele Smetanas]. Prag 1948. Bd. 1, S. 96

21 Das Wort «Singspiel» sagt hier nichts über die historische Opernform mit gesprochenen Dialogen, sondern ist die wörtliche Übersetzung der tschechischen Bezeichnung «zpěvohra», ein zu Smetanas Zeiten viel gebrauchtes tschechisches Synonym für «Oper» schlechthin.

22 Smetanas Artikel in den «Národní listy» vom 15. Juli 1864 in: «Kritické dílo Bedřicha Smetany 1858–1865» [Das kritische Werk Bedřich Smetanas]. Prag

o. J. S. 89
23 Smetanas Tagebuch; Pražák, a. a. O., S. 159
24 Nächst ihrem Heimatland, wo *Die verkaufte Braut* mit weitem Abstand die meistgespielte aller Opern überhaupt ist, hat sie ihre zweite Heimat auf deutschsprachigen Bühnen gefunden. Besonders nach dem Zweiten Weltkrieg. Ständig hält sie sich seit den sechziger Jahren in der Spitzengruppe der zehn meistgespielten Opern des gesamten Repertoires. In der Spielzeit 1971 / 72 rangierte sie sogar mit 260 Spielabenden an zweiter Stelle, gleich hinter Mozarts «Figaros Hochzeit» und noch vor Evergreens wie «Zauberflöte», «Carmen», «Bohème» oder «La Traviata».
25 Erinnerungen Josef Jiráneks: BE S. 126. In Smetanas Prager Wohnung wurden preußische Offiziere einquartiert, die sich dort sehr korrekt verhielten. Nach vier Wochen kehrte Smetana mit seiner Familie in die Wohnung zurück.
26 Smetanas Dankrede am 5. Mai 1882: BE S. 305
27 Erinnerungen von Dr. Servác Heller: BE S. 307
28 Pražák, a. a. O., S. 147
29 Es ist bezeichnend für die erste, bis um die Mitte des 20. Jahrhunderts gebräuchliche Übertragung von Max Kalbeck, daß sie Smetanas sehr präzise Kongruenz von Wort und Ton hier – wie auch sonst – völlig ignoriert: ausgerechnet auf die Dissonanz Dis, die im Original bewußt das Wort «tvrdošíjná» (dickköpfig) unterstreicht, läßt Kalbeck das Wort «liebes» singen. Seine Übertragung ist keine um Originaltreue bemühte Übersetzung, sondern eine mehr oder weniger freie «Nachdichtung», die sich wenig um den ursprünglichen Sinn schert und auch mit Smetanas Noten nach Belieben umspringt. Das beginnt schon mit den allerersten Versen. «Warum sollten wir uns nicht freuen, wenn uns Gott Gesundheit gibt» heißt es, wörtlich übersetzt, zu Anfang des Chores Nummer 1. In der neuen, jetzt allgemein gespielten Übersetzung von Kurt Honolka lautet das, den Noten angepaßt: «Warum sollten wir nicht froh sein, wenn uns Gott Gesundheit gibt, Freude gibt.» Bei Kalbeck: «Seht am Strauch die Knospen springen, hört die muntern Vögel singen.» Es ist klar, daß dergleichen werkfremdes Operndeutsch das Eigentliche von Smetanas Oper, ihre realistische Drastik und Natürlichkeit, nicht wiedergeben kann.
30 BE S. 128
31 Brief an J. P. Valentin vom 20. April 1865: BE S. 108
32 Auf deutschen Bühnen wurde *Dalibor* nach langer Vernachlässigung erstmals wieder in der Neufassung von Kurt Honolka 1958 in Bremen gegeben, danach an mehreren Theatern, die Wiener Staatsoper eingeschlossen. Diese Fassung versucht, was auch mehrere tschechische Bearbeiter in anderer Form getan hatten, dramaturgischen Mängeln des originalen Librettos abzuhelfen. Für eine Rundfunk-Gesamtaufnahme unter Rafael Kubelík, bei der Rücksichten auf die Bühnenwirkung wegfielen, stellte Kurt Honolka eine originalnahe Übersetzung her. Die erste deutsche Fassung des *Dalibor* von Max Kalbeck beurteilte die berühmte tschechische Sopranistin Emmy Destinn anläßlich der ersten Berliner Aufführung von 1893 in einem ausführlich mit Zitaten belegten Bericht so: «Der Übersetzer verniedlichte den ursprünglichen Text geradezu fürchterlich.»
33 Im Jahre 1897 schlug František Táborský detailliert vor, den anrüchigen

Freund Zdeněk durch Dalibors Vater zu ersetzen, V. Chládek wollte ihn durch das Symbol der Geige subsituieren, und die «Radikální listy» schrieben dazu: «Nach unserer Meinung faßte Smetana (vielleicht unbewußt) das Verhältnis Dalibors zu Zdeněk rein homosexuell auf. Woher kämen sonst diese glühenden inbrünstigen Melodien.» Eine Ansicht, der Tomáš Garrigue Masaryk, der spätere erste Präsident der Tschechoslowakei, als Redakteur der Zeitschrift «Naše doba» entschieden widersprach; Pražák, a. a. O., Bd. 2, S. 76–82.

34 Nach dem Zeugnis von Otakar Hostinský: BE S. 135
35 Ebd.
36 Zdeněk Nejedlý: «Smetaniana». Prag 1922. S. 150–160
37 Smetanas Tagebuch vom Januar 1862: BE S. 80
38 Brief an Adolf Čech vom 4. Dezember 1882; Pražák, a. a. O., Bd. 4, S. 133
39 Brief an Ludevít Procházka vom 29. September 1877: BE S. 157
40 Pražák, a. a. O., Bd. 2, S. 241. – Eine neuere Publikation: Milan Kuna, «Životnost Smetanova odkazu» [Die Lebenskraft von Smetanas Vermächtnis]. Prag 1974, weiß jedoch nichts vom Singen der Hymne und betont auch, daß *Libuše* nicht von der deutschen Protektorats-Regierung verboten, sondern lediglich vom Nationaltheater nicht mehr gewagt wurde, während in der tschechischen Provinz die Oper noch etwas länger gespielt wurde.
41 Smetanas Tagebuch: BE S. 181
42 Brief an Ludevít Procházka vom 21. Februar 1882: BE S. 297. – Für eine Aufführung in Dresden, die dann doch nicht zustande kam, komponierte Smetana widerwillig den Schluß der Agnes-Arie um und ein Terzett dazu. In der Übersetzung von Kurt Honolka, die gegenüber früheren Eindeutschungen weitgehend dem Original folgt und nur den schlimmsten Reimereien Züngels auszuweichen versucht, wurden die *Zwei Witwen* seit 1958 an mehreren deutschen Opern erfolgreich gespielt.
43 Brief an Dr. Antonín Čížek vom 7. September 1874: BE S. 180
44 Smetanas Kalendereintragungen vom 2. März 1876: BE S. 204
45 Brief an J. V. Karel vom 17. Januar 1880: BE S. 254
46 Aus den Erinnerungen von Eliška Krásnohorská: BE S. 256
47 Im März 1876, nach den Erinnerungen des Kapellmeisters Adolf Čech: BE S. 200
48 Erinnerungen von Ervín Špindler: BE S. 212
49 Nicht so der Rest der Welt. *Der Kuß* kam 1893 erstmals auf eine deutsche Bühne, im Jahr danach sogar auf die Wiener Hofoper, aber dauernde deutsche Erfolge blieben der Oper versagt. Frühzeitig versuchten Bearbeiter Mängel des Librettos zu beseitigen. Selbst Smetanas Freund Srb-Debrnov scheute sich nicht, die Figuren sinnlos umzubenennen: aus Wendulka wurde Pauline, aus Vater Paloucký ein Wiesenthal. Ludwig Hartmann, der den *Kuß* mit zeittypischem Operndeutsch auf die Bühne brachte, machte aus Wendulka gar eine völlig untschechische, auf der zweiten Silbe betonte Marinka, aus Lukas einen pseudogermanischen Hanno, aus Paloucký einen eher russischen Zarkow. In der Neuübersetzung von Kurt Honolka, die das Original wiederherstellt, wurde die Oper seit 1958 an mehreren deutschsprachigen Bühnen und vielfach in der Stuttgarter Rundfunkaufnahme gespielt.
50 Brief an Josef Srb-Debrnov vom 14. April 1878: BE S. 218
51 Ebd.
52 Brief an Ludevít Procházka vom 10. Oktober 1877: BE S. 223

53 Smetanas Tagebuch; Pražák, a. a. O., Bd. 3, S. 213
54 Brief an Otakar Hostinský vom 9. Januar 1879: BE S. 242
55 Die erste deutschsprachige Aufführung, 1895 an der Wiener Hofoper, fand
    wenig Beachtung, und es dauerte nochmals über ein halbes Jahrhundert, bis
    Das Geheimnis die Erstaufführung in Deutschland erlebte (1969 an der
    Staatsoper in Hannover in der Neuübersetzung von Kurt Honolka).
56 Aus einem von V. V. Zelený aufgezeichneten Gespräch; Rychnovsky,
    a. a. O., S. 292
57 Brief an F. A. Urbánek vom 2. März 1897: BE S. 245
58 Bericht von V. V. Zelený: BE S. 283
59 Brief an Ludevít Procházka vom 31. August 1882; Pražák, a. a. O., Bd. 4, S. 10
60 Brief an Eliška Krásnohorská vom 1. März 1878 in: Eliška Krásnohorská, «B.
    Smetana, Vzájemná korespondence» [Gegenseitige Korrespondenz]. Prag
    1940. S. 115
61 Brief an J. F. Thorne vom 11. Dezember 1881; Teige, a. a. O., S. 117
62 Brief an A. Zavadil vom 24. Februar 1882; Teige, a. a. O., S. 127
63 Brief an Adolf Čech vom 4. Juli 1882: BE S. 308
64 Brief an Josef Srb-Debrnov vom 9. Dezember 1882: BE S. 324
65 Brief an die Gattin Bettina vom 10. März 1883 in: Miloslav Malý, «Jabkenická
    léta Bedřicha Smetany» [Die Jabkenitzer Jahre Bedřich Smetanas]. Prag 1968.
    S. 98
66 Brief an Adolf Čech vom 7. Mai 1883; Pražák, a. a. O., Bd. 4, S. 205
67 Brief an Josef Srb-Debrnov vom 8. Januar 1884; Pražák, a. a. O., Bd. 4, S. 208
68 Im Januar 1884; Pražák, a. a. O., Bd. 4, S. 211
69 Postume Smetana-Pietät hat auch dieses fragmentarische Vermächtnis zum
    Klingen gebracht, zuerst 1899 konzertant, dann 1924 erstmals auf der Bühne
    des Prager Nationaltheaters.
70 Bericht des Arztes Dr. Václav Walter (Emil Tréval), zit. in: Dr. Vladimír
    Balthasar, «Bedřich Smetana». Prag 1924. S. 78
71 Ebd.

1824 2. März in Lytomyšl (Leitomischl) geboren
1831 Übersiedlung nach Jindřichův Hradec (Neuhaus)
1832 Die erste erhaltene Komposition, ein Galopp
1835 Übersiedlung nach Růžkové Lhotice, Gymnasium in Iglau
1836 Gymnasium in Deutsch-Brod
1839 Gymnasium in Prag
1840 Gymnasium in Pilsen
1843 Abschluß des Gymnasiums, nach Prag als Musiker
1844 Hauslehrer beim Grafen Thun, Studium bei Josef Proksch
1845 Erstes öffentliches Auftreten als Pianist in Prag
1847 Konzerte in Pilsen und Eger
1848 *Six morceaux caractéristiques*, op. 1. Bittbrief an Liszt, der Smetana einen Verleger verschafft. Nationalgardist während der Prager Revolution, Revolutions-Kompositionen. Eröffnung der privaten Musikschule im August
1849 Aufführung der Fest-Ouvertüre D-Dur. 27. August: Hochzeit mit Kateřina Kolářová
1851 Tochter Bedřiška (Fritzi) geboren (1855 gestorben)
1852 Tochter Gabriela geboren (1854 gestorben)
1853 Tochter Žofie (Sophie) geboren
1854 Tochter Kateřina (Katharina) geboren (1856 gestorben)
1855 *Triumph-Symphonie* E-Dur aufgeführt. *Trio in g-moll* komponiert und aufgeführt
1856 Mit Liszt in Prag zusammen. Im Oktober nach Göteborg, Eröffnung einer privaten Musikschule, Dirigent der Philharmonischen Gesellschaft
1857 Urlaub in Prag. September mit der Familie nach Göteborg zurück. Unterwegs bei Liszt in Weimar. In den folgenden Jahren symphonische Dichtungen *Richard III.* und *Wallensteins Lager* komponiert
1859 Kateřina stirbt am 19. April auf der Rückreise in Dresden. Fahrt zum Tonkünstlerfest nach Leipzig und zu Liszt nach Weimar. Verlobung mit Bettina Ferdinandi. Rückkehr nach Göteborg
1860 10. Juli während des Urlaubs in Böhmen Hochzeit mit Bettina Ferdinandi, mit ihr nach Göteborg
1861 Symphonische Dichtung *Hakon Jarl* vollendet. Abschiedskonzert in Göteborg. Klavierkonzert in Stockholm. Konzertreise nach Deutschland und Holland. Heimkehr nach Prag. Tochter Zdeňka geboren
1862 Konzerte in Prag dirigiert. Letzte Konzertreise nach Göteborg. Dirigent beim neugeründeten Gesangverein «Hlahol». Interimstheater eröffnet
1863 Tochter Božena geboren. *Die Brandenburger in Böhmen* vollendet. Musikinstitut mit Ferdinand Heller neu eröffnet
1865 Bei Liszt in Budapest. In Prag Musikkritiker. *Die verkaufte Braut* entsteht
1866 *Die Brandenburger in Böhmen* und *Die verkaufte Braut* kurz nacheinander uraufgeführt. Ab September bis 1874 Kapellmeister am Interimstheater
1867 *Dalibor* vollendet
1868 *Dalibor* zur Grundsteinlegung des Nationaltheaters uraufgeführt. Beginn der Kämpfe gegen den «Wagnerianer». Reise nach München zu den «Meistersingern von Nürnberg»
1870 *Česká píseň* (*Böhmens Lied*) uraufgeführt

1871 *Die verkaufte Braut* in St. Petersburg aufgeführt

1872 *Libuše* vollendet. Reise nach München zu «Tristan und Isolde»

1874 *Zwei Witwen* uraufgeführt. Im Oktober völlig ertaubt. *Vyšehrad* und *Moldau* vollendet

1875 *Šárka* und *Aus Böhmens Hain und Flur* vollendet, *Vyšehrad* und *Moldau* uraufgeführt. Im Sommer nach Jabkenice

1876 Im Juni endgültige Übersiedlung nach Jabkenice. *Der Kuß* uraufgeführt, auch *Aus Böhmens Hain und Flur*. Streichquartett e-moll *Aus meinem Leben* vollendet

1877 *Šárka* uraufgeführt

1878 *Das Geheimnis* uraufgeführt. *Tábor* vollendet

1879 *Blaník* vollendet. *Streichquartett in e-moll* uraufgeführt. *Böhmische Tänze* komponiert

1881 Eröffnung des Nationaltheaters mit der Uraufführung von *Libuše*. Brand des Theaters. Smetana dirigiert in einem Wohltätigkeitskonzert zum letztenmal. *Zwei Witwen* in Hamburg aufgeführt

1882 Festliche 100. Aufführung der *Verkauften Braut*. *Die Teufelswand* uraufgeführt. Erste Gesamtaufführung des Zyklus *Mein Vaterland*

1883 *Streichquartett in d-moll* vollendet. Wiedereröffnung des Nationaltheaters mit *Libuše*. Letzter Besuch in Prag

1884 *Streichquartett in d-moll* uraufgeführt. Zunehmende geistige Zerrüttung während der Arbeit am Opernfragment *Viola*. Im April in die Landesirrenanstalt in Prag übergeführt. Smetana stirbt am 12. Mai. Begräbnis unter gewaltiger Beteiligung des Volkes auf dem Wyschehrad

ZEUGNISSE

LEOŠ JANÁČEK

Meine Erinnerung an Bedřich Smetana gleicht der Vorstellung, die
Kinder vom lieben Gott haben: sie sehen ihn in den Wolken. Es war in
dem für Smetana schicksalsschweren Jahre 1874: ich stand im Konzert
auf der Sophieninsel ganz nahe beim Orchester. Man hatte gerade seine
Komposition beendet, und ein ohrenbetäubendes Getöse gipfelte im
Namen Smetana! Plötzlich verdichtete sich um mich herum die Menge, daß es ganz finster wurde, und drängte nach vorne. Sie geleitete den
kranken Meister die Stufen empor. In meinem Gedächtnis bleibt nur für
immer sein Antlitz eingeprägt. Immer sehe ich es vor mir; umbraust
und wie im Nebel. Mein Auge hat damals sicherlich nur ihn verschlun-
gen, für alles übrige war ich blind und taub.

JAN NERUDA

Die Leute behaupten, Smetana sei ein Wagnerianer. Im Prinzip mögen
sie recht haben: Smetana ist streng darauf bedacht, daß der Ton dem
Worte voll entspreche. Sie begegnen da zufällig Smetana am Kai und im
Vorübergehen hören Sie, wie er fast laut vor sich hin deklamiert. – Er ist
gerade mit der Komposition einer neuen Oper beschäftigt, spricht sich
den Text vor, wiederholt hundertmal den Satz, bis aus den Worten eine
Melodie aufblüht mit dem dazu passenden natürlichen Akkord. Und das
ist auch der Grund, warum seine Musik bei aller Annäherung an Wagner
im Charakter so durchaus tschechisch ist. Und weil sie tschechisch ist, ist
sie zugleich auch so elegisch. Und vielleicht ergibt sich eben aus diesem
elegischen Grund ganz logisch auch die Tatsache, daß Smetana als Pianist
der genialste Interpret Chopins ist.

JOSEF BOHUSLAV FOERSTER

Die Premiere der *Verkauften Braut* gehört ganz gewiß zu den bedeu-
tungsvollsten und ruhmvollsten Premieren der Ära Mahler–Pollini . . .
In Hamburg hieß unsere *Verkaufte Braut* nicht anders als «Die ausver-
kaufte Braut», denn bald wurde sie zu einem willkommenen Kassen-
stück. Mahler faßte eine solche Vorliebe für Smetana, daß er späterhin
die Opern *Zwei Witwen*, *Der Kuß* und *Dalibor* dem Repertoire einver-
leibte. Am meisten hingerissen war er beim Studium der Oper *Der Kuß*.
Den meisterhaft aufgebauten ersten Aufzug verglich er in architektoni-
scher Hinsicht mit dem ersten Aufzug von Wagners «Walküre». Er

schwärmte geradezu von dieser Musik mit ihrem lautersten Gefühl und ihrer schmerzvollen Schönheit.

Václav Talich

Die verkaufte Braut ist für mich eine Symphonie der Freude. In der Interpretation ging ich von dem Grundsatz aus, daß man Freude vor allem an der Tiefe der Gefühlsintensität messen und erkennen kann, nicht nur an der zeitlichen Bewegung des Gefühlswogens. Anders gesagt: Freude ist frohes Gefühl, nicht atemlose Hetze. Deshalb habe ich überhetzte Tempi vermieden, die die ganze Freude der Vortäuschung anklagen.

Karl Kraus

Ist die Folter in Österreich abgeschafft? Das Genie darf noch immer zu Tode gemartert werden. Vor Aller Augen! Smetana wurde gefoltert, bis er in Wahnsinn starb. Sein Verbrechen? Der Fortschritt. Smetanas Leben war ein langsamer Hungertod. Als er es nicht hören konnte, sicher nicht mehr hören konnte, nannte man ihn den Mozart unserer Zeit. Wie das wohltut, wenn man schon zwischen jenen anderen Brettern liegt, die nicht mehr die Welt bedeuten! Smetana ist erledigt . . . Anton Bruckner wird vorgeführt. Das hochnothpeinliche Verfahren nimmt seinen Fortgang.

WERKVERZEICHNIS

Nicht enthalten sind in diesem Verzeichnis die Studienarbeiten, die Transkriptionen, Kadenzen und unvollendete Stücke, auch nicht alle Jugendkompositionen. – Die ersten Jahreszahlen geben die Entstehungszeit an, U bezeichnet das Uraufführungsjahr, T den Textautor.

1. Vokalwerke

a) Opern

Braniboři v Čechách (Die Brandenburger in Böhmen). T: Karel Sabina. 1862/63. U 1866

Prodaná nevěsta (Die verkaufte Braut). T: Karel Sabina. 1864–66. U 1866 – Endgültige Fassung: 1870

Dalibor. T: Josef Wenzig, Ervín Špindler. 1866/67. U 1868

Libuše. T: Josef Wenzig, Ervín Špindler. 1869–72. U 1881

Dvě vdovy (Zwei Witwen). T: Emanuel Züngel nach F. Mallefille. 1873/74. U 1874 – Endgültige Fassung: 1878

Hubička (Der Kuß). T: Eliška Krásnohorská. 1875/76. U. 1876

Tajemství (Das Geheimnis). T: Eliška Krásnohorská. 1877/78. U 1878

Čertova stěna (Die Teufelswand). T: Eliška Krásnohorská. 1879–82. U 1882

Viola. T: Eliška Krásnohorská nach Shakespeares «Was ihr wollt». Fragment. 1872?–84. U konzertant 1900, Bühne: 1924

b) Chorwerke

Píseň svobody (Lied der Freiheit). T: J. J. Kolár. Einstimm. Chorlied mit Kl. 1848

Česká píseň (Böhmens Lied). T: Jan z Hvězdy. 1. Fassung für Männerchor 1860. 2. Fassung für gem. Chor und Kl. 1868, U 1870. 3. Fassung für gem. Chor und Orch. 1878, U 1880

Tři jezdci (Drei Reiter). T: J. V. Jahn. Männerchor. 1862. U 1863

Odrodilec (Der Abtrünnige). T: F. L. Čelakovský nach A. Metlinsky. 1. Fassung für Doppel-Männerchor 1863, U 1864. 2. Fassung für Männerchor 1864, U 1864

Rolnická (Bauernhymne). T: V. Trnobranský. Männerchor. 1868. U 1869

Slavnostní sbor (Festchor). T: Emanuel Züngel. Männerchor. 1870. U 1870

Píseň na moři (Lied auf dem Meer). T: Vítěslav Hálek. Männerchor. 1877. U 1877

Sbory trojhlasné (Dreistimmige Chöre). T: B. Peška, J. V. Sládek. Vier Frauenchöre mit Kl. [Sonnenuntergang, Wiegenlied, Schwalben kamen hergeflogen, Mein Stern]. 1878. U 1879

Věno (Widmung). T: Josef Srb-Debrnov. Männerchor. 1880. U 1881

Modlitba (Gebet). T: Josef Srb-Debrnov. Männerchor. 1880. U 1907

Hesla (Wahlsprüche). T: Josef Srb-Debrnov. Männerchor. 1883. U 1883

Naše píseň (Unser Lied). T: Josef Srb-Debrnov. Männerchor. 1883. U 1924

c) Lieder mit Klavier

Liebchens Blick. T: B. Breiger. 1846
Lebewohl! T: W. Melhop. 1846
Einladung. T: J. G. Jacobi. 1846
Schmerz der Trennung. T: Ch. M. Wieland. 1846
Píseň do tragedie «Baron Goertz» (Lied zur Tragödie «Baron Goertz»). T: E.
    Bozděch. 1867
Večerní písně (Abendlieder). T: Vítězslav Hálek. Zyklus von fünf Liedern [Wer
    goldne Saiten spielen kann, Steiniget nicht die Propheten, Es träumte mir, Hej,
    welche Freude, Aus meinen Liedern]. 1879. U 1880

2. Orchesterwerke

a) Symphonien

Triumph-Symphonie E-Dur. 1853/54. U 1855

b) Symphonische Dichtungen

Richard III. 1858. U 1862
Valdštýnův tábor (Wallensteins Lager). 1859. U 1862
Hakon Jarl. 1861. U 1864
Má vlast (Mein Vaterland). Sechsteiliger Zyklus. 1874–79. U 1882 – Einzelne
    Teile: Vyšehrad (Wyschehrad). 1864. U 1875; Vltava (Die Moldau). 1874. U
    1875; Šárka (Scharka). 1875. U 1877; Z českých luhů a hajů (Aus Böhmens
    Hain und Flur). 1875. U 1876; Tábor. 1878. U 1880; Blaník. 1879. U 1880

c) Ouvertüren und andere Orchesterwerke

Bayaderen-Galopp. 1842?. U 1924
Ouvertüre D-Dur. 1849. U 1849
Našim děvám (Unseren Mädchen). Polka. 1849? U 1849
Doktor Faust, Vorspiel zu einem Puppenspiel von J. Kopecký. 1862. U 1862
Oldřich a Božena (Oldřich und Božena). Vorspiel zu einem Puppenspiel von M.
    Kopecký. 1863. U 1863
Pochod k slavnosti Shakespearově (Marsch zur Shakespeare-Feier). 1864. U 1864
Slavnostní předehra (Fest-Ouvertüre) C-Dur. 1868. U 1868
Fanfary k Shakespearovu dramatu Richard III.). (Fanfaren zu Skakespeares
    Drama Richard III.). 1867. U 1867
Der Fischer. T: J. W. Goethe. – Libušin soud (Libuschas Gericht). T nach der
    Grüneberger Handschrift. Begleitmusiken zu lebenden Bildern. 1869. U 1869
Venkovanka (Das Landmädchen). Polka. 1879. U 1879
Pražský karneval (Prager Karneval). Introduktion, Polonäse. 1883. U 1884

3. Kammermusik

Fantaisie sur un air Bohémien. Violine und Kl. 1842/43. U 1924
Klavier-Trio in g-moll. 1855. U 1855
Streichquartett in e-moll Z mého života (Aus meinem Leben). 1876. U 1879
Z domoviny (Aus der Heimat). Zwei Duos für Violine und Kl. 1880. U 1880
Streichquartett in d-moll. 1882/83. U 1884

4. Klavierwerke

Bagatelles et Impromptus [Unschuld, Beklommenheit, Idylle, Sehnsucht, Freude, Märchen, Liebe, Zwist]. 1844
Sonate in g-moll. 1846
Six morceaux caractéristiques op. 1 [Im Wald, Beginnende Leidenschaft, Die Hirtin, Sehnsucht, Der Krieger, Verzweiflung]. 1848
Albumblätter. Zyklus von 24 Nummern geplant, davon erschienen: Sechs Albumblätter op. 2 (Prélude, Chanson, Vivace, Allegro, Moderato con anima, Andante ma non troppo.) 1849 – Zwei Albumblätter für die Gräfin Thun (Moderato grazioso, Allegretto ma non troppo) 1849 – Zwei Blätter fürs Gedenkbuch (Robert Schumann gewidmet, Lied des Pilgers). 1849 – Es siedet und brauset. 1848 – Skizzen op. 4 [Präludium, Idylle, Erinnerung, Dauerndes Bemühen]. 1849 – Skizzen op. 5 [Scherzo-Polka, Schwermut, Freundliche Landschaft, Rhapsodie]. 1849
Marsch der Prager Studenten-Legion. 1848
Nationalgarde-Marsch. 1848
Hochzeitszenen [Hochzeitszug, Braut und Bräutigam, Hochzeitstanz]. 1849
Trois Polkas de Salon (Fis-Dur, f-moll, E-Dur). 1855
Trois Polkas poétiques (Es-Dur, g-moll, As-Dur). 1855
Ball-Vision. 1858
Ballade in e-moll. 1858
Konzert-Etude in C-Dur. 1858
Szene aus Macbeth. 1859
Bettina-Polka. 1859 – 2. Fassung: 1883
Souvenir de Bohême en forme des Polkas (a-moll, e-moll, e-moll, Es-Dur). 1859/60
Vid stranden, Minne af Sverga [Am Seegestade, Erinnerung an Schweden]. Konzert-Etude. 1861
Fantasie koncertní na české národní písně (Konzert-Phantasie auf tschechische Volkslieder). 1862
Rêves. Six morceaux caractéristiques [Le bonheur éteint, La Consolation, En Bohême champêtre, Au salon, Près du château, La fête des paysans Bohémiens]. 1875
České tance (Böhmische Tänze): I Polkas fis-moll, a-moll, F-Dur, B-Dur; II Furiant, Hühnchen, Hafer, Bär, Zwiebelchen, Stampftanz, Ulan, Umschritt, Ländler, Springtanz. 1877–81
Romanze. 1881

BIBLIOGRAPHIE

Weitaus die meiste Literatur über Smetana ist naturgemäß in tschechischer Sprache erschienen, so u. a. die grundlegenden Werke von OTAKAR HOSTINSKÝ: «Bedřich Smetana a jeho boj o moderní českou hudbu» [Bedřich Smetana und sein Kampf um die moderne tschechische Musik]. Prag 1901; ZDENĚK NEJEDLÝ: «Bedřich Smetana». Prag 1903, «Bedřich Smetana» [bis 1862]. Prag 1924, «Bedřich Smetana» [bis 1843] 4 Bde. Prag 1924–34, 2. Aufl. 7 Bde. 1950–56, «Bedřich Smetana. Doba zrání» [Die Zeit des Reifens]. Prag 1962; JOSEF TEICHMANN: «Bedřich Smetana». Prag 1944. Ähnlich die meisten Spezialdarstellungen (z. B. ZDENĚK NEJEDLÝ: «Zpěvohry Smetanovy» [Smetanas Opern]. Prag 1908, oder PŘEMYSL PRAŽÁK: «Smetanovy zpěvohry» [Smetanas Opern] 4 Bde. Prag 1948), die Briefwechsel des Komponisten und die Erinnerungen von Zeitgenossen. Alle nur auf tschechisch erschienenen Publikationen nützen den weitaus meisten deutschen Lesern nichts. Deshalb beschränkt sich dieses Literaturverzeichnis aus praktischen Gründen auf die wesentlichsten Schriften über Smetana, die in Übersetzungen in die deutsche und andere westeuropäische Sprachen vorliegen.

1. Quellen, Bibliographien

Erste Gesamtausgabe, vier Bände 1924–36. Neue Studienausgabe des Smetana-Museums seit 1940 (Opern, Chorwerke, Orchesterwerke), Klavierwerke seit 1944, Lieder seit 1962 – Einzelausgaben und Klavierauszüge aller Opern im Staatsverlag Prag

TEIGE, KAREL: Dopisy Smetanovy [Smetanas Briefe, darin Smetanas deutsche Briefe]. Prag 1896
BARTOŠ, FRANTIŠEK: Smetana in Briefen und Erinnerungen. Prag 1954
ČEJKOVÁ, STANISLAVA u. MILUSE MALINOVA: Bedřich Smetana. 1824–1884. Výběrová bibliogr Hradec Králové 19/4

2. Gesamtdarstellungen

BISTRON, JULIUS: Friedrich Smetana. Wien 1924
BOESE, HELMUT: Zwei Urmusikanten. Smetana – Dvořák. Zürich – Leipzig – Wien 1955
BORECKÝ, JAROSLAV: Bedřich Smetana. Prag 1922
CLAPHAM, JOHN: Bedřich Smetana and Antonín Dvořák: Chamber music. Harmondsworth, Baltimore 1957
CLAPHAM, JOHN: Smetana. London 1972
HELFERT, VLADIMÍR: Die schöpferische Entwicklung Friedrich Smetanas. Leipzig 1956
HONOLKA, KURT: Bedřich Smetana. In: Die Musik in Geschichte und Gegenwart. Kassel – London – New York 1954
KARÁSEK, BOHUMIL: Bedřich Smetana. Prag 1967
KREJČÍ, FRANTIŠEK VÁCLAV: Friedrich Smetana. Berlin 1906
LARGE, BRIAN: Smetana. London 1970

Laux, Karl: Wesen und Werk Bedřich Smetanas. Zum 150. Geburtstag des Komponisten. In: Musik und Gesellschaft 24 (1974), S. 149–152
Löwenbach, Jan: Bedřich Smetana. London 1943
Malý, Miloslav: Bedřich Smetana. Prag 1954
Nejedlý, Zdeněk: Friedrich Smetana. Prag 1924
Nolan, Liam: The Life of Smetana: the pain and the glory. London 1968
Smetana 1824–1974. Coll. and ed. L. Rezniček. Oslo 1975
Ritter, William: Frédéric Smetana. Paris 1907
Rychnovsky, Ernst: Smetana. Stuttgart–Berlin 1924
Thiersot, Jules: Frédéric Smetana. Paris 1926
Wellek, Bronislav: Friedrich Smetana. Prag 1895

3. Spezielle Darstellungen

Abraham, Gerald: The Genesis of the Bartered Bride. In: Music and Letters XXVIII
Brod, Max: Die verkaufte Braut. Esslingen 1962
Clapham, John: Smetana's sketches for Dalibor and the secret. In: Music letters 59 (1980), S. 136–146
Feldmann, H.: The ontological aspects of Bedřich Smetana's disease. In: The Music Review 32 (1971), S. 233–247
Hartmann, Ludwig: Die verkaufte Braut. Leipzig o. J.
Der Kuß. Berlin o. J.
Honolka, Kurt: Dalibor – eine monothematische Oper. In: Musica. Kassel 1970
Nejedlý, Zdeněk: Dvořák und Smetana. Prag 1934
Plavec, Jiří: Bedřich Smetana v obrazech [Bedřich Smetana in Bildern]. Prag 1956
Rychnovsky, Ernst: Dalibor. Berlin 1905
Stefan, Paul: Die verkaufte Braut. Wien 1937
Stransky, Josef: Mein Vaterland. Leipzig o. J.
Thörnquist, Clara: Smetana in Göteborg 1856–1862. Göteborg 1967
Wossidlo, Walter: Die verkaufte Braut. Berlin 1903

ÜBER DEN AUTOR

Dr. Kurt Honolka, geboren 1913 in Leitmeritz (Böhmen), Studium an der Deutschen Universität Prag, dann Journalist. 1949 bis 1963 Feuilletonleiter der «Stuttgarter Nachrichten». Seither Musikkritiker deutscher und ausländischer Zeitschriften, Funk-Essayist und Schriftsteller. Publikationen: «Kulturgeschichte des Librettos», «Die großen Primadonnen», «Geschichte der russischen Musik», «Weltgeschichte der Musik», Opernführer, «Das vielstimmige Jahrhundert (Musik in unserer Zeit)», «Antonín Dvořák» (rowohlts monographien Nr. 220).

Engagierter Vermittler klassischer und zeitgenössischer tschechischer und slowakischer Musik und Bearbeiter von 24 Opern, vielen Liedern und Chorwerken, namentlich von Smetana, Dvořák und Janáček.

Dr. Honolka starb 1988.

NAMENREGISTER

Die kursiv gesetzten Zahlen bezeichnen die Abbildungen

QUELLENNACHWEIS DER ABBILDUNGEN

Dem Smetana-Museum in Prag, das uns die meisten Bilder zur Verfügung stellte,
danken wir.
Aus: Gustav Janouch, Franz Kafka und seine Welt. Hans Deutsch Verlag, Wien–
Stuttgart–Zürich 1965: 19
Rowohlt-Archiv: 27, 37, 38, 45, 76, 82

rowohlts monographien
Begründet von Kurt Kusen-
berg, herausgegeben von
Wolfgang Müller und Uwe
Naumann.

Louis Armstrong
dargestellt von Ilse Storb
(50443)

Johann Sebastian Bach
dargestellt von Martin Geck
(50637)

Robert Schumann
dargestellt von
Barbara Meier
(50522)

George Bizet
dargestellt von
Christoph Schwandt
(50375)

Frédéric Chopin
dargestellt von Jürgen Lotz
(50564)

Hanns Eisler
dargestellt von Fritz
Hennenberg
(50370)

John Lennon
dargestellt von Alan Posener
(50363)

Franz Lehár
dargestellt von
Norbert Linke
(50427)

Felix Mendelssohn Bartholdy
dargestellt von
Hans Christoph Worbs
(50215)

Elvis Presley
dargestellt von
Alan und Maria Posener
(50495)

Johann Sebastian
Bach
Martin Geck

Sergej Prokofjew
dargestellt von
Thomas Schipperges
(50516)

Giacomo Puccini
dargestellt von
Clemens Höslinger
(50325)

Sergej Rachmaninow
dargestellt von
Andreas Wehrmeyer

Gioacchino Rossini
dargestellt von
Volker Scherliess
(50467)

Heinrich Schütz
dargestellt von
Michael Heinemann
(50490)

Richard Strauss
dargestellt von
Walter Deppisch
(50146)

rowohlts monographien

Weitere Informationen in der
Rowohlt Revue, kostenlos im
Buchhandel, und im **Internet:
www.rororo.de**